SINO-WISDOM
信睿企管·传播经营智慧

U0733983

不懂流程再造，
怎么做管理

水藏玺◎著

中国纺织出版社有限公司 | 国家一级出版社
全国百佳图书出版单位

内 容 提 要

当一家企业的管理规范化程度比较低的时候，我们会发现上至公司总经理下到一线员工，大家要么在着急解决问题，要么在着急解决问题的路上。但随着企业在经营过程中不断积累和沉淀，越来越多例行性问题的解决方法被慢慢规范化、流程化了，甚至对很多问题可以做到提前预防，即便发生了也有相应的流程来解决。

《不懂流程再造，怎么做管理》提出了企业"流程优化与再造五步法"，按照流程规划、流程现状分析、流程优化与再造、流程配套设计、流程信息化等步骤，系统、全面地带领读者进入一个全新的用流程解决企业所面临问题的世界，让企业在解决问题的过程中体现自己的价值，最终实现战略目标。

图书在版编目（CIP）数据

不懂流程再造，怎么做管理 / 水藏玺著 . -- 北京：中国纺织出版社有限公司，2019.12（2021.11重印）

ISBN　978-7-5180-6499-1

Ⅰ . ①不… Ⅱ . ①水… Ⅲ . ①企业管理 - 业务流程

Ⅳ . ① F273

中国版本图书馆 CIP 数据核字（2019）第 159858 号

策划编辑：向连英　　　　　　特约编辑：金　彤
责任校对：韩雪丽　　　　　　责任印制：储志伟

中国纺织出版社有限公司出版发行

地址：北京市朝阳区百子湾东里 A407 号楼　邮政编码：100124

销售电话：010 — 67004422　传真：010 — 87155801

http://www.c-textilep.com

中国纺织出版社天猫旗舰店

官方微博 http://weibo.com/2119887771

天津千鹤文化传播有限公司印刷　各地新华书店经销

2019 年 12 月第 1 版　2021 年 11 月第 3 次印刷

开本：710×1000 1/16　印张：13.5

字数：177 千字　定价：49.80 元

2019 年年初我和中国纺织出版社有限公司合作了个人的第 32 本拙作——《不懂解决问题，怎么做管理》。这本书自出版以来，很多读者朋友来信、来电，表示书中提到的"带领团队解决问题是管理者的首要责任""公司请你来的目的就是解决问题""你在公司地位的高低取决于你能解决多大的问题""解决问题需要的 4 种心态、6 种能力""问题不能量化就难以解决""建立杜绝问题的机制是关键""杜绝问题的做好办法就是建立解决问题的流程"等理念与方法都非常好，但大家也都有一个共同的疑问，那就是企业如何才能通过不断地"发现问题——分析问题——解决问题——杜绝问题"，一方面提高组织解决问题的能力，在解决问题的过程中发现和培养人才，另一方面将问题的解决方法流程化，提升企业规范化管理水平。《不懂解决问题，怎么做管理》一书只是解决了前者，而对问题解决方法的流程化还缺乏系统方法和工具，正因为如此，才有了《不懂流程再造，怎么做管理》这本书的问世。期望本书能与《不懂解决问题，怎么做管理》一起帮助读者解开解决问题以及将问题解决方法流程化的困惑。

我在很多场合都讲过这样一个观点：管理规范化的企业可以做到将内部 80% 的业务交给流程（这里提到的流程既包括业务流程、管理流程，也包括辅助流程）去解决，而剩下20%的业务就可以作为一个特定的问题按照"发现问题——分析问题——解决问题——杜绝问题"的方式去解决。当一家企业的管理规范化程度比较低的时候，我们会发现从公司总经理到部门经理、一线员工每天都忙于应付无穷无尽的问题，大家要么在着急解决问题，要么在着急解决问题的路上，但随着企业在经营过程中不断积累和沉淀，越来越多例行性问题的解决方法被慢慢规范化、流程化了，甚至对很多问题可以做到提前预防，即便发生了也有相应的流程来解决。

其实，早在2008年我就提出了企业"流程优化与再造五步法"，经过十多年的不断实践与提升，我将企业流程优化与再造方法归结为：

一、流程规划。流程支撑战略实现。企业发展战略确定后，需要进行价值链及价值环分析，并在此基础上进行业务蓝图绘制及业务状态评价、核心业务逻辑分析、核心业务流程、管理流程、辅助流程规划。

二、流程现状分析。流程规划完成后，企业就需要对流程现状进行全方位诊断及分析，发现流程存在的问题，分析可能导致的结果以及优化要点及方法。

三、流程优化与再造。根据流程存在问题及优化要点进行流程优化与再造。请注意流程优化与流程再造是两个概念，其中流程优化是指辨析理解现有流程，并通过对现有流程进行优化改良产出新流程；而流程再造则是指根据公司战略调整及商业模式变化，从根本上重新考虑产品或服务的提供方式再造新流程。针对某一个流程究竟应该优化还是再造，则需要根据流程问题严重性及企业实际量身定制，绝不可一概而论。

四、流程配套设计。流程设计工作仅仅是流程管理中的一个环节，在将新的运行流程设计出来后，我们还应根据流程运行的需要，进行相关配套体系的设计，搭建流程的基础运行平台。一个完整的流程应该包括：流程名称、流程编号、流程版本、流程归口部门、流程相关部门、流程决策部门、流程制定目的、流程适用范围、流程核心步骤、流程图、与本流程相关的制度或文件、与本流程相关的表单、与本流程相关的绩效指标、与本流程相关的权限、与本流程相关的风险控制等。

五、流程信息化。在流程设计的过程中，我们会面对大量新产生和发生变化的数据，必要时对原有的数据采集方式进行调整。因此，还需要为新设计的流程搭建良好的流程运作平台，提高相关数据采集的有效性，同时也可以回过头对流程进行调整与修改，以便于更好地适应企业的运行情况和承受能力。这就是我们通常所说的流程信息化规划、信息化系统实施与集成、经营驾驶舱及商业智能等。

基于前面提到的流程优化与再造方法论，本书将带领读者进入一个全新的用流程解决企业所面临问题的世界，让企业在解决问题的过程中体现自己的价值，最终实现企业发展战略。

本书作为《不懂解决问题，怎么做管理》的姊妹篇，期望能够带领广大读者从另外一个角度理解企业管理、理解企业管理者。

过去十多年，信睿咨询的顾问团队在为近 400 家客户提供业务流程咨询项目的过程中，对我提出的流程优化与再造方法论不断实践、总结与优化，让"流程优化与再造五步法"成为了企业管理界普遍认可和传播的实用方法，在此对大家表示感谢。过去我们一直在努力帮助客户提升经营业绩，未来我们还将继续努力！

最后要感谢我的家人。由于工作原因，长期、频繁出差在所难免，很少有时间好好陪在你们身边。谢谢你们的鼎力支持、无私奉献和默默付出。

另外，限于个人能力、学识与资历，书中难免存在不足之处，恳请广大企业家、同行、读者朋友不吝批评与指正，我愿与大家共同成长，推动中国企业通过业务流程再造实现管理升级。大家如有任何疑惑或不同的观点，可以直接来信与我联系，期待与大家交流。我的电话：13713696644，电子邮箱：sacaxa@163.com，微信：shuicangxi。

水藏玺

2019 年 4 月于深圳前海

目 录
contents

第一部分　全面认识流程

　　自1990年美国管理专家迈克尔·哈默在《哈佛商业评论》上发表了一篇题为《再造：不是自动化，而是重新开始》的文章，率先提出业务流程再造的思想以来，流程早已成为企业确保战略执行、提升运营效率、提升盈利能力必不可少的工具和方法。

　　虽然中国企业接触和实施业务流程再造的时间比较晚，但近十多年间，业务流程在企业内部的重要性越来越彰显，特别是近几年在实体经济与互联网大碰撞、大颠覆、大融合的过程中，更催生了国内企业对业务流程的新认识、新需求。流程已经走进千家万户。

第二部分　流程优化与再造五步法

根据经验，我们将企业流程管理分为企业流程规划、流程现状描述与问题分析、流程优化或流程再造、流程配套设计、流程信息化5个步骤。

其中，根据企业的实际运营需要，准确地对现有流程运作体系进行定义和识别，是我们进行流程优化管理的第一步工作；流程规划完成后，企业就需要对流程现状进行全方位诊断及分析，发现流程存在的问题，分析可能导致的结果以及优化要点及方法；根据流程存在问题及优化要点进行流程优化与再造；将新的运行流程设计出来后，我们还需要根据流程运行的需要，进行相关配套体系的设计，搭建流程的基础运行平台；为了确保流程有效实施，流程优化及配套体系完成后，还需要为新设计的流程搭建良好的流程运作平台，这就是我们通常所说的流程信息化规划、信息化系统实施与集成、经营驾驶舱及商业智能等。

第六章　流程配套设计

第七章　流程信息化

第三部分　流程变革管理

在企业内部做流程变革其实是一件比较复杂的事情，因为流程变革要打破过去传统的工作习惯，建立全新的部门之间、岗位之间的协同规则。因此，客观认识流程变革难点、基本规律将有助于企业顺利实现流程优化与再造。

第八章　客观认识流程变革难点

第九章　流程变革管理最佳实践

附录

第一部分 PART ONE

全面认识流程

自 1990 年美国管理专家迈克尔·哈默在《哈佛商业评论》上发表了一篇题为《再造：不是自动化，而是重新开始》的文章，率先提出业务流程再造的思想以来，流程早已成为企业确保战略执行、提升运营效率、提升盈利能力必不可少的工具和方法。

虽然中国企业接触和实施业务流程再造的时间比较晚，但近十多年间，业务流程在企业内部的重要性越来越彰显，特别是近几年在实体经济与互联网大碰撞、大颠覆、大融合的过程中，更催生了国内企业对业务流程的新认识、新需求。流程已经走进千家万户。

第一章
流程管理新境界

一、流程就在我们身边

本人在拙作《不懂解决问题，怎么做管理》（中国纺织出版社，2019年版）中提到，问题犹如浩瀚星空中的繁星，比比皆是。天文学家们通过长期观察和研究发现了那些看似杂乱无章的星空的规律，因此就出现了星座。

同理，我们身边也时刻被繁多的流程包围，起床有流程，刷牙有流程，吃饭有流程，工作有流程，开会有流程，购物有流程，乘飞机有流程，就连理个发也都有流程……总之，流程无处不在，流程让我们的效率越来越高，让我们的客户越来越满意！

企业内部也被流程包围着，销售订单评审流程、销售订单交付流程、生产计划管理流程、生产组织流程、仓储管理流程、物流管理流程、客户服务流程、客户投诉受理流程、客户满意度管理流程、费用报销流程、员工招聘流程、员工培训流程、员工绩效管理流程、员工薪酬管理流程，等等。如果企业不能根据实际及战略需要对内部流程进行系统认知和全面梳理，就很难做到部门之间、岗位之间巧妙协同、高效运营。因此，了解流程，掌握流程优化与再造的基本方法，让流程在企业运营过程中发挥出应有的作用，是企业各级管理者必须掌握的基本技能。就如同不懂解决问题，怎么做管理一样，不懂流程再造，又怎么能够做好管理呢！

二、什么是流程

什么是流程？不同的专家有不同的定义。

马文·M.沃泽尔在《什么是业务流程管理》一书中提到[①]：流程是重复的增值活动的集合，它由组织的人和技术资源实施，其目的是实现共同的业务目标，生产出客户愿意也能够付费购买的产品或服务。

迈克尔·哈默、詹姆斯·钱皮认为：流程是有精确定义的一个技术术

---

① 〔美〕马文·M.沃泽尔.什么是业务流程管理［M］.姜胜，译.北京：电子工业出版社，2017.第31页。

语，它是成组的、相互联系的活动，这些活动一起为客户创造价值结果。

彼特·芬加认为：业务流程是一组完整的、动态协调的活动，它们相互协同、相互作用，共同为客户交付价值。

彼得·基恩认为流程应该有 4 个标准：有周期性；对组织能力的某些方面有影响；可以以不同方式完成，这些方式影响到流程产生的成本、价值、服务或质量；需要协调。

托马斯·达文波特认为：流程是为了给特定的客户或市场产出特定产品而设计的一组结构化、精准的活动。

维基百科中提到：业务流程是若干增值活动构成的一个系列或一个网络，它由与之相关的角色或协同者执行，完全是为了实现共同的业务目标。

国际标准化组织在 ISO 9001：2000 质量管理体系标准中对流程是这样定义的：流程是一组将输入转化为输出的相互关联或相互作用的活动。

关于流程的定义，不同的人有自己的理解和认知，因此给出的定义也就不尽相同。我们认真分析会发现，过去对流程的理解更多是以价值创造为出发点，试图说明企业内部为了满足客户需求（交期、成本、质量、服务）而选择或者实施的增值活动组合。但在企业内部有很多活动其实并不直接与客户需求相关，而是与客户需求交付的支持或者控制活动相关，这些活动之间也存在流程，因此我们认为需要对流程进行更加全面的定义。

根据我们的工作经验和对流程的理解，我们对流程定义如下：

所谓流程，就是指一系列的、连续的、有规律的活动，而这些活动以特定的方式进行，并导致特定结果的产生。

在对流程定义的理解过程中，我们要注意：

1. 流程是"一系列的、连续的、有规律的活动"

正因为这样，这些"活动"是有先后顺序或并列关系的，同时这种先后或并列关系是连续和有规律的，企业不能违背规律去进行流程管理。正如迈克尔·哈默、詹姆斯·钱皮对流程定义中提到的"它是成组的、相互联系的活动"；也如彼特·芬加所说的"业务流程是一组完整的、动态协调的活动"；又如托马斯·达文波特所说的"一组结构化、精准的活动"。

2. 流程"以特定的方式进行"

在流程运作的过程中，不同公司、不同发展阶段其"活动"之间的运作方式是不同的，即便是同一家公司、相同的发展阶段，因为客户需求或者流程目标的不同，可能也会导致"活动"之间的运作方式存有差异。因此，这种"特定的方式"必须要结合企业实际状况，切不可照搬照抄。

3. 流程"导致特定结果的产生"

流程的最终目的在于创造价值，也就是增值。正如马文·M. 沃泽尔在流程的定义中提到的"流程是重复的增值活动的集合"，也如彼得·基恩在流程定义中提到的"这些方式影响到流程产生的成本、价值、服务或质量"。在企业中，流程的增值可能体现在效率提升、成本降低、销售增加、利润增长、质量提高，也可能体现在客户满意、员工满意，总之，这与每个流程的目的（绩效目标）有关。比如，产品品质管理流程的增值就体现在品质提升，而生产成本控制流程的增值则体现在成本降低，客户投诉处理流程的增值体现在提升客户满意度。

4. 基于流程目标，优秀流程的每项活动都是增值的

正如迈克尔·哈默、詹姆斯·钱皮所说"这些活动一起为客户创造价值结果"，也如维基百科中提到的"业务流程是若干增值活动构成的"。

5. 流程的目标是由流程客户决定的

菲利普·科比在《流程思维：企业可持续改进实践指南》[①]一书中提到：持续满足客户需求是设计流程时无可争议的要求。这意味着我们要消除对目标毫无益处的活动，如果正在进行的工作刚好能够满足客户需求，那么流程便是高效的。由此可见，企业在进行流程设计时首先要了解流程客户，并充分理解其核心需求，只有这样才能保证流程的每个环节都是有价值的。

6. 不同类型流程的增值方式不同

对于业务流程而言，其增值可能体现在交期缩短、成本降低、品质提升、客户满意等方面；对管理流程而言，其增值方式会体现在风险控制、知识传承、绩效提升等方面；而对辅助流程而言，其增值方式又会体现在内部客户满意、效率提升、业务支持等方面，总之，不同类型的流程因其

---

① 菲利普·科比 . 流程思维：企业可持续改进实践指南 ［M］. 肖舒芸 . 译 . 北京：人民邮电出版社，2018. 第 151 页。

客户不同，客户需求有异，其增值方式也会不同。

虽然，不同人对流程的定义存在这样那样的差异，但以上六点认知是趋同的。

根据上述对流程概念的诠释，我们会发现在企业内部存在着大量"一系列的、连续的、有规律的活动，而这些活动以特定的方式进行，并导致特定结果的产生"。比如说物料采购流程就涉及供应商选择与评价、商务条件谈判、采购下单、采购执行、物料检验与入库等一系列活动；员工招聘流程则涉及提出招聘需求、招聘需求确认、招聘渠道选择、简历筛选、组织面试、入职通知及手续办理、试用期评价、转正管理等一系列活动；客诉受理流程则涉及客诉渠道建立、接到客诉、原因分析、责任部门指定、客诉处理、客诉处理结果回复等一系列活动；生产计划管理流程涉及销售预测、销售计划、产能评估、成品库存盘点、计划编制、计划审批、计划变更管理等一系列活动。

三、流程是为了增值

根据我们前面给出的流程定义，企业做流程的目的是为了创造价值，也就是增值，那么如何理解流程增值呢？

简单而言，增值就是确保流程的每一个循环都要比前一个循环更好。我们打个比方，假设根据企业原来的订单交付流程，完成一个客户订单的周期为 10 天，现在通过流程优化只用了 9.5 天就交付了，这就是流程的增值；再如根据原来的生产计划管理流程，企业的生产计划达成率只有 98%，而通过流程优化之后达到了 99.5%，这也是流程的增值；再如企业采购了 1000 万元的原材料，通过企业内部的生产制造、销售等环节，最终以 2000 万元卖出，那么多出来的这 1000 万元就是企业通过研发管理流程、生产管理流程、销售管理流程等流程"增值"的结果。

企业进行流程管理的核心目的就是通过流程周而复始的高效循环，使企业价值不断得到提升。

当然，不同流程的增值方式是不同的，有些流程是为了效率更高，有些流程是为了成本更低，有些流程是为了浪费更小，有些流程是为了收入增加，有些流程是为了质量更好，有些流程是为了客户更满意，有些流程是为了员工更满意，有些流程是为了风险可控，还有些流程是为了企业利润更多，总之，这与每个流程的目的（绩效目标）及客户需求相关。

【案例 1-1】不同流程的增值方式分析

为了让读者更加直观地理解流程增值，我们通过表 1-1 举例说明常见流程的增值方式。

表 1-1　常见流程的增值方式分析

流程名称	流程增值方式
研发项目管理流程	提升效率，提高项目成功率
供应商开发与评价流程	控制经营风险
采购价格管理流程	控制经营风险，降低采购成本
采购计划管理流程	供应及时，减少库存
财务分析管理流程	及时发现经营问题，降低经营风险
销售订单管理流程	保证销售订单快速实现，缩短订单交付周期
生产成本管理流程	降低（控制）生产成本
销售货款管理流程	减少呆坏账，及时回款
不合格品管理流程	减少品质损失
质量分析流程	及时发现质量隐患，降低品质风险
年度经营计划管理流程	确保年度经营目标顺利达成
生产计划管理流程	提升生产计划达成率，保证产品及时供应
促销管理流程	促进销售增加
市场推广流程	提高品牌知名度，促进销售增加
招聘管理流程	降低岗位空缺率
培训管理流程	提高岗位适岗率
绩效管理流程	确保绩效目标达成

四、流程构成的 6 个要素

一个完整的流程必须包含 6 个核心要素：流程输入、流程供应商、流程过程、流程执行者、流程客户、流程输出。

1. 流程输入

流程输入就是指流程运作初期所涉及的基本要素。这些要素是流程运作过程中不可或缺的组成部分。一般而言，在流程运作过程中它们将被有效地消耗、利用、转化，并最终对流程产出产生影响。常见的流程输入有：资料、物料、客户订单、客户需求、资源、设备、说明、标准、计划、信息、资金、行政指令、会议纪要、公司战略、经营计划等。

2. 流程供应商

流程供应商就是指为流程活动提供相关物料、信息或其他资源的个体或部门。在日常的流程运作中，供应商可以有一个，也可以有多个。我们在进行流程设计时，一般只需要列出关键供应商即可。供应商作为流程组成的基本要素之一，所提供的物料、信息或资源对流程运作将产生重要影响。

3. 流程过程

流程过程就是指为了满足客户需求所必须进行的相关作业活动的集合。这些活动对流程输出来讲，是核心的、关键的、不可缺失的、有增值效果的。从流程优化的思路来讲，过程才能为组织创造价值，因此必须尽量减少一切不必要的非增值环节，提高流程的质量和效率，使流程路径最短、效率最高、价值创造最大。

在一个完整的流程过程中，包含着多项活动。一般而言，过程活动是有着严格的先后顺序和逻辑关系的，上一个活动的产出就是下一个活动的输入，这些活动对应着不同的职能部门。因此在进行流程优化时，我们必须明确相关部门在这些流程活动中所要扮演的角色和承担的责任。

同时，根据流程的划分层次不同，过程活动也呈现出层级化的趋势。往往高一级流程中的某一个过程活动，可以细化成为一个完整的低一级流程。当然，在进行具体流程设计时，我们还是应该根据流程的具体设计要求和目的，进行适当地过程设计，尽量避免陷入不必要的细化讨论或者过于空泛的宏观设计。

4.流程执行者

流程执行者就是指具体流程过程活动的实施者，它既包括个体，也包括部门。在一个流程中，可能只有一个执行者，也可能包括多个执行者。流程执行者的识别，与各个部门在流程中所扮演的角色和流程本身的层级划分有着重要关系。

比如年度财务预算制订流程，就涉及公司财务部（制订具体年度预算方案）、公司领导（审核年度预算方案）、公司下属各业务单位（参与相关预算方案设计），这些部门作为流程的执行者，根据其承担的职责不同，扮演着不同的角色；再如物料采购流程，涉及计划部、采购部、仓储部、品质部等多个执行者；供应商开发流程涉及采购部、工程部、品质部、财务部等多个部门。

跨部门的公司一级流程，它的执行者可能涉及公司所有相关部门，如果我们将流程中的某个环节细化成下一级流程，它可能就是某个部门的内部运作流程，它的执行者可能仅仅涉及部门内部的相关岗位。因此，对流程执行者的识别也与流程本身的层级划分有着直接关系。

企业进行流程执行者识别的时候，通常会将执行者分为归口部门（岗位）或流程主人、相关部门（岗位）两种，其中归口部门（岗位）或流程主人在该流程优化、实施、流程绩效评价、再造过程中扮演总导演的角色，而相关部门（岗位）则是该流程的参与者。

5.流程客户

流程客户就是流程输出结果的最终消费者。对于企业流程来说，客户既可以是外部市场客户，也可以是内部组织客户。在设计相关流程时，必须首先明确流程的客户是谁，仔细把握客户的最终需求，这样设计出的流程才有意义。而要做到这一点有时其实并不是太容易，需要我们认真甄别和思考，才能得出正确的结论。

在进行流程设计之前，不妨不断提出相关问题，用以识别流程的相关客户和客户需求：

谁来关心该流程的最终输出结果和效果？

该流程会对哪些部门的运作造成影响？

流程设计的最终目的是什么？

流程的内部客户是谁？外部客户是谁？

流程的主要客户是谁？次要客户是谁？

举例来说，年度经营计划管理流程的主要客户是董事会，生产管理流程的主要客户是销售部门，采购管理流程的主要客户是生产部门，财务分析流程的主要客户是公司经营班子及各业务部门的负责人，员工招聘管理流程的客户是用人部门。

6. 流程输出

流程输出就是指流程的最终产出结果。流程输出的可能是有形的产品，也可能是无形的服务，还可能是一份文件，总之不同流程的输出是不同的。流程的输出是否合格，最终需要由客户进行判断，看产出是否与客户需求吻合。

在同一个流程中，可能有几种不同的产出，对应着不同的客户需求，这些客户的需求之间可能存在一定程度上的矛盾或冲突。设计流程时，应以满足该流程主要客户的关键需求为主，这样设计出的流程才能达到我们所期望的效果。

【案例 1-2】流程要素分析

为了使读者更好地理解流程的 6 个要素，我们通过表 1-2 举例说明。

表 1-2 流程要素分析

流程名称	输入	供应商	过程	执行者	客户	输出
研发项目管理流程	项目定义书	产品规划部	项目团队成立、产品开发、开发验证、新品试产、新品量产、量产移交	项目部、工程部、品质部、采购部、生产部	生产部	新品BOM、新品工艺文件
采购计划管理流程	物料需求计划、物料库存信息	PMC、仓储部	采购计划编制、采购计划审批、采购计划执行	PMC、采购部、工程部、品质部	采购部	采购计划
物料采购流程	采购计划	计划部、仓储部	询价、报价、采购	采购部、计划部、财务部、品质部	生产部门	合格的物料

续表

流程名称	输入	供应商	过程	执行者	客户	输出
员工招聘流程	招聘计划、岗位编制	用人部门	发布招聘信息、笔试、面试	人力资源部、用人部门、公司高层	用人部门	合格的员工
订单管理流程	客户订单	销售部	订单评审、订单拆解、订单计划、订单跟踪、订单交付	销售管理部、PMC、生产部、仓储部、物流部	订单交付对象	满足客户需求的产品或服务
生产管理流程	生产计划、销售计划	计划部、销售部	领料、生产、入库、发货	生产管理部、工程部、品质部、计划部、仓储部、物流部	销售部门	及时、合格的产品
供应商开发与评价流程	新产品开发计划、物料采购需求、供应商策略	潜在供应商	供应商搜索、供应商考察、供应商评价、输出合格供应商名录	供应商开发部、供应商品质部、工程部、研发部、财务部	采购部	供应商评估报告、合格供应商名录

五、流程的 3 种类型

前文在做流程定义的时候我们已经提到，企业内部有些流程与产品质量、交期、成本、服务、客户等直接相关，有些流程与风险控制、品质控制、效率控制、成本控制等相关，还有一些流程与员工招聘、员工培训、员工激励、业务支持相关。

虽然不同企业由于其业务选择不同、价值链有异，因此内部的流程也存在巨大的差异，但不管怎样，企业内部的流程大致可以分为三类：一是与企业产、供、销及客户订单交付直接相关的业务流程；二是企业为了控制经营风险及运营效率、质量、成本而设置的管理流程；三是协助企业业务流程更顺畅的辅助流程。

概括来说，业务流程的价值在于打通客户需求管理与产品研发、物料供应、生产制造、品牌及市场推广、客户开发、营销订单管理、客户服务等全业务，旨在为企业创造更大的价值；管理流程的作用在于风险控制及业务流程运行监督；而辅助流程的作用则是为业务流程提供支持和帮助，进而确保业务流程更加顺畅和高效运营。图1-1为3种流程关系示意图。

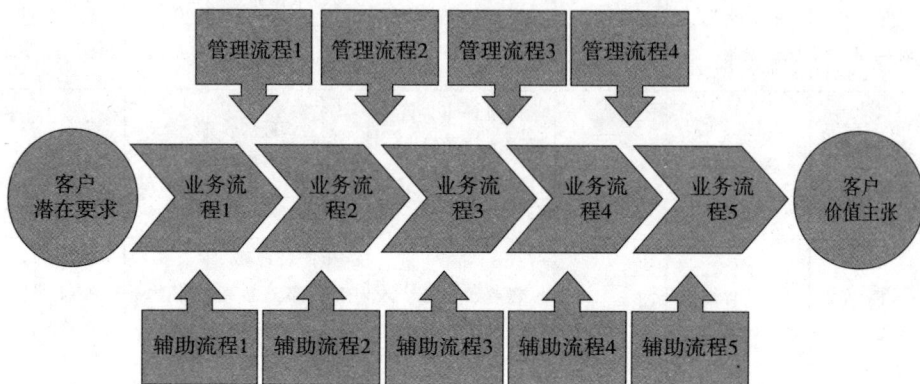

图1-1　业务流程、管理流程及辅助流程关系（示意）

1. 业务流程

业务流程（Business Process，简称BP），又称"订单实现流程"，主要是指直接参与企业业务运营的相关流程，涉及企业研、产、供、销四个基本环节。通过业务流程，企业可以为客户直接创造价值，最终也保证了企业自身经营目标的顺利实现。

常见的业务流程主要有：市场调研与客户需求分析流程、产品规划流程、新产品定义流程、新产品开发流程、客户开发流程、销售订单管理流程、原材料采购流程、生产制造管理流程、产成品仓储及发货流程、客户服务流程、销售货款管理流程等。

2. 管理流程

管理流程（Management Process，简称MP），主要是企业实施开展各种管理活动的相关流程，它并不直接为企业经营目标负责，而是通过管理活动对企业业务开展进行监督、控制和协调，间接为企业创造价值。

常见的管理流程主要有：战略管理流程、年度经营计划管理流程、目标绩效管理流程、财务分析管理流程、财务预算编制及控制流程、供应商开发流程、供应商评价流程、合格供应商管理流程、新品上市管理流程、产品生命周期管理流程、采购货款管理流程、原材料品质管理流程、成品品质管控流程、工艺管理流程、研发项目管理流程、客户满意度管理流程、客诉受理流程、销售信用管理流程、组织管理流程、人力资源规划流程等。

3. 辅助流程

辅助流程（Service Process，简称SP），主要是为企业的管理活动和业务活动提供各种后勤保障服务的流程。这些流程与管理流程一样，并不直接为企业创造价值，而是通过为企业创造良好的服务平台和保障服务，间接实现价值增值。

常见的辅助类流程主要有：员工招聘流程、员工培训流程、营业收入核算流程、产品成本核算流程、销售费用核算流程、车辆服务流程、办公用品管理流程、设备保修流程、土建工程施工管理流程、物业服务流程、档案管理流程、行政后勤服务流程等。

六　流程的4个层级

企业流程除了类型的差异，还有非常严密的层级差异。通常我们将企业内部的流程分为集团级流程（跨业务板块或跨公司流程）、公司级流程（跨部门流程）、部门级流程（跨岗位流程）以及岗位级流程（岗位操作规程）共4级，如图1-2所示。当然非集团企业也可以分为公司级流程（跨部门流程）、部门级流程（跨岗位流程）以及岗位级流程（岗位操作规程）共3级。

但无论如何，流程上下级之间存在严密的逻辑关系，上一级流程中的某个过程环节往往可以细化成完整的下一级流程；而且流程越细化，流程可操作性也就越强。

1. 集团级流程

集团级流程（Group Level Process，简称GP），又称跨业务板块或跨公司流程，这类流程在集团化运作的企业中比较常见，但凡集团内部业务板块之间、下属公司之间存在业务关系，就一定会存在集团级业务流程。

比如大型地产企业，集团内部有建筑规划设计院、基础处理公司、建筑施工公司、房产策划与销售公司、物业服务公司、商业运营公司，这些公司之间就存在跨业务板块的流程。

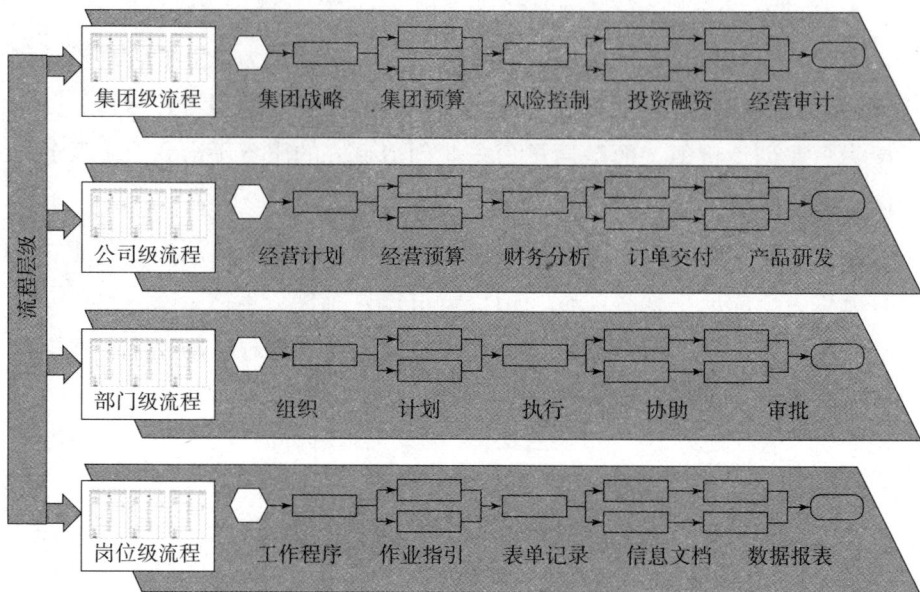

图 1-2　流程分级（示意）

　　另外，集团总部为了确保各分子公司、业务板块稳健、可持续经营，还需要从发展战略、经营预算、风险控制、投资与融资、经营审计、经营合同、印章及用印管理等多个维度对其进行管控，这就是我们通常所说的集团管控流程。比如，集团财务中心与分子公司财务之间就存在财务管控流程；同样，集团人力资源中心与分子公司人力资源部之间也存在人力资源管控流程。

　　常见的集团级流程有集团发展战略管理流程、集团年度经营计划制订与管理流程、集团经营预算编制及控制流程、集团投资管理流程、集团融资管理流程、集团经济合同管理流程、集团风险控制流程、集团审计管理流程、集团印章及用印管理流程、分子公司高管绩效评价流程、分子公司高管离任审计流程等。

2. 公司级流程

　　公司级流程（Company Level Process，简称CP），又称跨部门流程，跨部门流程往往是对公司整体经营运作具有重要影响的、相对比较宏观的重要流程。这些流程经常需要进行跨部门的协调运作才能最终完成流程的相关输出。

比如，市场调研管理流程需要市场部、销售部、技术部参与；企业发展战略管理流程需要公司高层、战略管理部、各职能管理部门参与；供应商管理流程需要 SQE、采购部、技术部、财务部等参与；销售合同管理流程需要销售部、销售管理部、生产计划部、财务部等参与；电子产品研发流程需要市场部、研发部、软件部、硬件部、测试部、采购部、工程部、研发品质部等多个部门协同等。这些流程的完成都需要两个或几个部门之间的协调配合。

根据我们的经验，公司级流程是企业流程管理的重点和关键，也是企业价值创造及稳健运营的基础。

3. 部门级流程

部门级流程（Department Level Process，简称 DP），又称跨岗位流程，跨岗位流程侧重于部门内部不同岗位之间的配合，通过相关岗位的协调完成部门的工作目标和工作任务。

比如，会计核算流程需要财务部门销售会计、成本会计、税务会计、出纳、总账会计等多个岗位的参与；招聘实施流程需要人力资源部门招聘专员、招聘经理、人力资源经理等多个岗位的参与；物料采购执行流程需要采购专员、采购主管、采购总监等多个岗位协同才能完成。

4. 岗位级流程

岗位级流程（Position Level Process，简称 PP），又称岗位操作指南，岗位级流程就是指本岗位的具体作业程序和作业规范，如机械工厂里装配工的工序工艺操作卡就是一个例子。另外，岗位操作规范、岗位作业指导书都是岗位级流程的典范。

第二章
流程管理新挑战

流程早已成为现代企业经营的核心

企业流程管理的五个阶段

企业流程管理最佳实践

什么是流程优化与再造

一、流程早已成为现代企业经营的核心

随着信息化、网络化、智能化、生态化、国际化、微利化等经营时代的到来，越来越多的企业开始意识到并重视通过流程优化与再造实现战略转型、业务模式调整及盈利能力提升。因此我们提出：流程早已成为现代企业经营的核心。

首先，企业战略转型与商业模式创新需要流程重组。战略转型和商业模式创新是近几年企业家们经常挂在嘴边的一句话，而且很多企业属于迫不得已进行转型。比如，很多传统房地产企业进军金融行业、大健康产业、生态农业、康养产业、文旅产业等；又如很多传统制造企业进行轻资产化改造、智能化改造、信息化改造、网络化改造等；再如很多互联网企业进入物流、餐饮、智能制造、线下商城等实体经济……一旦跨入新的领域就必须对现有业务流程、管理流程和辅助流程进行系统重组和改造。

其次，企业提升盈利能力需要流程再造。我们也发现，随着竞争加剧、产能过剩、物价上涨、通货膨胀、人工成本增加等因素的影响，中国企业正从暴利时代、高毛利时代转向低毛利时代，甚至微利时代。这时候企业需要精打细算，通过关注客户、产品创新、价值链重组、商业模式创新、运营模式创新、服务模式创新、拥抱互联网等手段来提升盈利能力。而以上目标的实现，始终离不开业务流程优化与再造。

再次，企业智能化改造需要流程信息化支撑。《中国制造2025》提出：紧密围绕重点制造领域关键环节，开展新一代信息技术与制造装备融合的集成创新和工程应用；依托优势企业，紧扣关键工序智能化、关键岗位机器人替代、生产过程智能优化控制、供应链优化，建设重点领域智能工厂及数字化车间；到2020年，制造业重点领域智能化水平显著提升，试点示范项目运营成本降低30%，产品生产周期缩短30%，不良品率降低30%；到2025年，制造业重点领域全面实现智能化，试点示范项目运营成本降低50%，产品生产周期缩短50%，不良品率降低50%。

可以看出，企业智能化改造既是一项国家战略，同时也是产业升级的必由之路。企业进行智能化升级的前提是需要对相关流程进行全面梳理，并在此基础上合理规划流程信息化需求。

最后，大批量人才流动需要用流程规范员工行动。随着全球贸易自由化以及企业竞争环境的改变，人才跨区域甚至跨国流动比例持续上升。对于来自不同国家、不同企业甚至跨行业的人才队伍而言，想要在同一平台高效协同与运营，唯有通过流程优化在企业内部建立统一的工作语言和协作规则。这也需要企业不断进行流程梳理。

综上所述，企业必须通过流程规划、流程现状分析、流程优化与再造、流程信息化规划与实施等一系列动作让流程成为企业经营的核心。

二、企业流程管理的五个阶段

既然流程已经成为现代企业经营的核心，那么我们有必要对企业流程管理的脉络进行全面梳理，以便企业在进行流程优化与再造的时候少走弯路。根据多年的实践，我们将企业流程管理划分为 5 个阶段，分别为流程显性化、流程规范化、流程体系化、流程信息化和流程互联网化。

1. 流程显性化

流程显性化是所有企业进行流程梳理时最朴素的诉求，因为企业的流程无处不在。菲利普·科比说："哪里有信息或物质交换，哪里就有流程。"也就是说企业内部只要存在物流、信息流、资金流交换，就有相应的流程。流程在企业内部的重要性不言自明。

根据菲利普·科比的观点，企业内部的流程不外乎以下四种类型[1]：

（1）物流流程。即从采购物料、生产产品、仓储与物流、最终交付客户产品相关的流程。如物料采购流程、产品制程管理流程、仓储管理流程、物流管理流程等。

（2）交易流程。即销售订单开发、评审、签订、收款及尾款管理相关

---

[1]〔美〕菲利普·科比.流程思维：企业可持续改进实践指南［M］.肖舒芸.译.北京：人民邮电出版社，2018.第 34 页。

的流程。如销售合同评审流程、销售开单流程、销售货款管理流程、采购货款管理流程等。

（3）关系流程。即企业与供应商、终端客户、代理商、渠道商、加工厂等利益相关者之间关系处理的流程。如供应商开发与合格供应商管理流程、渠道开发流程、客户关系管理流程、OEM 工厂开发与评价流程、客户满意度管理流程等。

（4）知识转移型流程。即针对问题核准答案，类似将改变转变为实际应用。如新产品或者服务开发、项目交付、员工培训等相关流程。

不论是以上哪种类型的流程，都与企业经营密切相关。企业进行流程管理的初期，就需要将这些藏匿于老员工大脑或个人电脑当中的隐性流程显性化，让所有员工都能看得见、摸得着。这样既利于员工学习与技能提升，也利于经验积累与流程传承。

我们发现，绝大多数企业进行流程显性化是伴随着 ISO9000 体系中程序文件开始的，早期更多地停留在管理流程方面，对业务流程的显性化做得远远不够。

2. 流程规范化

随着对流程的认识逐步加深，越来越多的企业开始着手流程规范化建设，这个阶段的几个典型特征是：

（1）以流程客户为导向、以流程结果为衡量的流程观念逐步形成。

（2）大多数管理者都已经掌握了流程描述以及优化相关的方法、工具。

（3）流程管理成为独立运作的一级部门，被赋予流程优化与再造、流程信息化建设相关职能。

（4）与流程相配套的制度、表单、绩效指标逐步完善，各级管理者适应了直面流程、针对流程找问题的管理方法。

（5）业务流程、管理流程、辅助流程的概念已经明确，而且员工也都明白它们之间的差异，但以业务流程为核心的体系还没有完全建立起来。

3. 流程体系化

这个阶段的核心目标就是要根据公司发展战略及经营需要逐步实现流程的体系化，并突出业务流程在组织当中的价值，适度降低管理流程对业务的控制，一切以终端客户价值主张的最大化满足为导向，有效识别企业风险控制点，全面实现流程体系化，同时着手信息系统集成及商业智能体系建设。

在流程体系化阶段，企业需要完成以下几项核心工作：

（1）企业价值链规划、业务蓝图分析、核心业务逻辑关系图规划以及核心业务流程、管理流程、辅助流程识别。

（2）形成以价值链为核心的业务流程白皮书，以及以部门为单位的管理流程、辅助流程红皮书。

（3）与流程相关的制度、表单、职权与分权、流程风险控制及相应控制措施、流程绩效、信息化、知识管理基本健全。

（4）企业内部有一批既懂流程，又懂信息系统，还懂业务的 CPIO。CPIO 是 Chief Process Innovation Officer 的简称，CPIO 的工作职责覆盖首席流程官（Chief Process Officer，CPO）、首席信息官（Chief Information Officer，CIO）、首席运营官（Chief Operating Officer，COO）的范畴。优秀的 CPIO 是企业经营系统升级及流程再造的主要推动者和责任承担者。CPIO 的概念由深圳 CPIO 协会首次提出并倡导实施，具体可查看 www.aocpio.com。

（5）企业通过管理流程、辅助流程的持续优化与再造实现效率最大化，同时通过业务流程持续优化与再造实现业绩倍增。

4. 流程信息化

这个阶段是企业流程管理的最高境界，不论是员工的流程意识、流程对战略的支撑，还是流程中心型组织运作都已经达到了很高的境界。流程会根据企业发展战略调整、商业模式创新以及客户诉求变化进行自我优化。同时，流程已经渗透到企业经营的各个领域，流程信息化也可以对经营过程进行实时跟踪、衡量与评价，实现企业经营过程可控制、经营结果可视化。

在这个阶段，企业需要完成以下几项核心工作：

（1）以开放、包容、协同、客户导向、价值创造为核心的流程文化深入人心，同时渗透到企业业务运营的各个环节。

（2）利用成熟软件系统或根据企业实际自行开发软件系统来固化

流程。

（3）流程支撑企业战略转型及经营业绩倍增。

（4）流程完全具备自我优化与再造的能力。

（5）通过信息系统集成和商业智能系统开发，实现企业经营过程可控制、经营结果可视化。

5. 流程互联网化

严格来讲，流程互联网化不是流程管理的更高境界，只不过随着实体企业与互联网经济的高度融合，实体企业互联网化已经成为不可逆的大趋势。因此，企业内部的流程也要顺应互联网无边界、失控、去中心化的特征，对内部业务流程、管理流程、辅助流程进行全面改造与升级。

根据我们的经验，企业流程互联网化需要完成以下几项工作：

（1）以互联网视野重新定义企业价值链。过去的企业价值链往往是产品研发到生产组织再到市场营销，是典型的产品推动型或者订单拉动型，在这个过程中很难保证内部价值链的每个环节都能站在客户的立场上去思考客户价值主张的最大化满足。因此，企业必须利用互联网视野重构内部价值链，建立科学合理的价值环模型。关于价值环模型，本书在第四章将会进行更加详细地介绍。

（2）将企业内部的流程利用互联网延伸到流程相关者的每个触角，包括经销商、终端客户、供应商、外委加工厂等。应该说，客户在哪里，企业的流程边界就在哪里；同理，供应商在哪里，企业的流程边界也就在哪里。比如，企业可以让终端客户登录企业 CRM（客户关系管理）系统，实现线上下单、跟踪订单执行情况等；企业还可以打通 SCM（供应链管理）系统，让供应商在第一时间获得采购订单信息，或者让供应商根据企业实时库存状况进行备料及发货等。

（3）利用互联网进行业务流程外包，持续简化企业内部价值创造模型。如营销流程外包、研发流程外包、供应链流程外包、财务流程外包或人力资源流程外包等。

（4）利用云技术、大数据、传感技术、通信技术、计算机技术等新科技进行产品迭代与升级、产品及服务交付模式创新、颠覆式成本降低等，进而提升企业竞争力。

三、企业流程管理最佳实践

时至今日，流程对于绝大多数中国企业而言早已经不是什么新鲜事了，但仍有很多企业对流程的印象停留在画一张流程图的层面。根据以往的工作经验和咨询研究，我们认为，中国企业在推新流程管理的过程中一定要遵循华为任正非先生的观点：在管理改进和学习西方先进管理方面，华为的方针是"削足适履"，对系统先僵化、后优化，再固化。

我们把企业推动流程优化与再造过程中需要注意的问题归结为：

1. 保证流程的相关责任人充分知晓

有本书叫《知道，做到》，其的核心观点是"知道，就一定要做到，做到，就一定要有结果。""知道"是"做到"的前提，"做到"是"知道"的结果，没有"知道"就不可能"做到"。企业流程体系优化后，要开展全面培训，因为所有员工充分知晓和理解是保证流程能够落地的基础。

2. 高管以身作则

员工充分学习流程只是保证流程落地的第一步，如果离开了高管的以身作则，流程的落地也必将成为"空中楼阁"。我们经常讲一句话：在公司，流程的最大破坏者往往不是员工，而是高管。高管不遵循流程、不按流程办事、随意破坏流程，最终的结果是所有员工都对流程熟视无睹。

3. 全员参与

流程的实施离不开全体员工的参与，因为每个员工都是流程节点的承接人，都是流程节点实施的监督者。流程的良好运行需要流程的每个环节都做好，如果出现某个或某几个环节没有按流程执行，整个流程就会跑偏，就像火车轨道交接的地方，如果搬道工没有及时调整轨道，就会改变火车行进的轨迹。

4. 系统优化

流程的优化是一个系统工程，在流程实施的过程中，往往会出现觉得某个节点有问题就马上进行调整和优化的情况，殊不知这样的调整和优化，不但不会帮助整个流程提升效率，反而会带来更多的问题。因为一个有效的流程应长期稳定运行，不能因为有一点问题就常去改动它，改动的成本往往会抵消改进的效益。

5. 建立流程责任制

对流程实施的效果和流程绩效定期评价也是有助于保证流程落地的重要举措。

上面介绍了企业在推动流程管理过程中应该注意的问题。根据对近400家企业流程管理的研究，我们将优秀企业的流程管理实践总结如下：

（1）流程管理比职能管理更重要，组织结构设计首先考虑流程实现，其次考虑部门规范运作。职能管理更多强调的是组织分工的问题，而流程管理则需要规范组织协作的问题。企业只有既做好分工，又做好协作，才能高效运作。

（2）流程管理面向公司发展战略，职能管理面向部门内部日常管理。流程的存在是因为战略的需要，流程的顺畅与否直接决定企业的战略能否实现。

（3）流程管理比职能管理更容易提高工作效率，减少部门之间的扯皮推诿。我们发现，越是强调职能管理的企业，通常是"部门墙"越来越厚，部门"本位主义"也越来越严重；而强调流程管理的企业，其运作效率明显高于强调职能管理的企业。

（4）全面导入和建立以改善流程绩效 KPIp（KPI of Process）和战略实现 KPIs（KPI of Strategy）的绩效管理体系。全面绩效管理是任何一家企业都必须建立的，但在建立目标绩效管理体系的过程中，企业除了关注基于职能的 KPIo（KPI of Organizing）之外，更多的是需要关注基于流程的 KPIp（KPI of Process）和基于战略的 KPIs（KPI of Strategy）。

（5）通过完善公司流程体系和流程配套体系，实现公司制度体系的"瘦身"。很多企业认为，企业规范化管理就是建立制度体系，结果发现制度越来越多，多到很多制度一年到头都没有人去看一眼。所以，我们讲企业的制度不是越多越好，而是精简为好。

（6）传统企业流程为组织而定，现代企业组织为流程而定。一个企业究竟是先有组织，还是先有流程，这个问题看起来和先有鸡还是先有蛋的问题是一样的，实则不然。根据现代企业管理理论，企业一定是先有流程体系，才能根据流程去设计组织体系。

（7）传统企业体现专业化分工的思想，现代企业强调业务流程整体最优的思想。职能管理的本质是分工的专业化，因为职能管理思想认为，分工就应该将专业相近或专业相同的职能放在一起，便于管理，而往往忽略不同专业、不同职能之间的协作，结果导致各自为政。

（8）传统企业员工被局限在每个部门的职能当中，现代企业充分发挥每个人在整个企业流程中的作用。在传统管理的思想中，一个员工首先是部门的一分子，然后他会参与相关流程的环节；而流程管理的思想是，任何一个员工，他首先是某个或某几个流程的关键环节，然后根据组织分工的原则，他再归属那个职能管理范围和部门。

（9）让流程成为企业经营的核心。每个部门、每位员工都必须具备流程意识，同时在产、供、销、人、财、物等企业经营的每一个层面都必须以流程为主。

四、什么是流程优化与再造

所谓流程优化（Business Process Improve，简称 BPI），就是指辨析理解现有流程，并通过对现有流程进行优化改良产出新流程。常见的流程优化技巧主要有以下几种：剔除非增值环节、优化流程顺序、压缩影响流程实现的关键环节、资源重新配置、组织模式优化与调整、信息化与自动化。

所谓流程再造（Business Process Re-engineering，简称 BPR），就是指根据公司战略调整及商业模式变化，从根本上重新考虑产品或服务的提供方式，再造新流程。常见流程再造技巧主要有以下几种：价值链重组、战略转型、业务流程外包等。

流程优化和流程再造是企业流程改善的两种境界，马文·M.沃泽尔认为两者的区别[1] 如表 2-1 所示：

---

[1]〔美〕马文·M.沃泽尔.什么是业务流程管理［M］.姜胜.译.北京：电子工业出版社，2017.第71页。

表 2-1　流程优化与流程再造的差异分析

比较项目	流程优化（BPI）	流程再造（BPR）
变革起点	基于现有流程，公司战略既定	基于现有流程，公司战略发生变化
变革程度	量变、渐变	质变、突变
变革频率	持续的	一次性的
需要时间	短	长
参与者	自下而上	自上而下
影响范围	窄，限于部分部门	宽，跨部门甚至跨系统
对组织的影响	维持现有框架	打破原有束缚
风险系数	小	大
变革类型	文化、结构	文化、结构

1. 流程优化 4 大原则

企业在进行业务流程优化的过程中，必须始终坚持以客户为中心，以价值创造为宗旨、以人为本、循序渐进的原则，通过持续优化流程，提升企业运营效率。

（1）以客户为中心，挖掘客户需求，并最大化满足客户价值主张。众所周知，企业流程管理的目的在于通过打通端（供应商）到端（客户）的高效运作，保证客户的价值主张最大化得到满足，所以说，企业在进行流程优化的时候，要始终以客户为中心。

①强调客户满意，而不是上司满意的原则。传统的职能中心型组织模式导致员工在开展任何工作的时候都以领导的意图和指令为基础，换句话来讲，职能中心型组织模式是以领导满意为导向，而忽略了客户的感受。但业务流程优化必须一切从"客户需求"出发，以"客户满意"为准绳。

②强调内外部客户满意相统一的原则。流程的客户分为内部客户、外部客户两种，在本书第一章介绍流程构成的时候，我们就提到，任何流程都由流程输入、流程供应商、流程过程、流程执行者、流程客户、流程输出 6 个要素构成。可见任何流程都是要以客户满意为基础，而非以职能管理或领导意图为中心。

③强调把整个价值链纳入"客户满意"流程体系的原则。有句话说得好，现代企业的竞争不再是企业个体之间的竞争，而是企业价值链之间的

竞争。企业的价值链就包括供应商、经销商、分销商、批发商、终端客户等，把价值链纳入"客户满意"，可以使业务流程运作更加高效。

（2）以价值创造为宗旨，始终坚持流程优化的目的就是增值。流程管理的核心目的在于增值，流程优化就是要让流程的增值环节得到提升，对非增值环节进行弱化，甚至取消。

①重流程而不重组织和职能的原则。企业组织体系的建设，可以通过流程，也可以通过组织和职能的加强和完善来实现。随着企业竞争环境的变化以及竞争格局的调整，越来越多的企业开始重视流程建设，因为通过传统的组织和职能的加强与提升已经很难帮助企业获得竞争优势。

②使用绩效衡量和整体最优原则。想要评价流程运作的好与坏，企业必须建立基于流程的评价与衡量体系，也就是我们通常所说的流程绩效。只有可衡量与评价的东西，才更容易帮助提升。

③借助 IT（信息技术）手段，最大限度实现信息实时共享基础上的集成管理。一方面企业面临的管理和经营环境确实在发生巨变；另一方面 IT 管理技术的突飞猛进也为企业提升经营与管理能力提供了便捷。因此，合理规划并充分利用 IT 管理技术进行流程固化，进而帮助企业提升管理能力已经成为共识。

（3）坚持以人为本，始终把人的因素放在首要位置。齐国著名政治家管仲在《管子·霸言》中说："夫霸王之所始也，以人为本。本治则国固，本乱则国危。"这可能是关于"以人为本"的最早的思想表述了。自从诺基亚提出"科技以人为本"之后，很多企业开始认识并逐渐重视人才对企业的重要性。首先，人才是企业最重要的资源；其次，企业的财富和利润都是通过员工的努力创造的。

①强调培养一个团结、综合力与示范效应强的团队。企业进行流程管理，必须要强调人的作用与价值。

②强调公司高层以身作则。业务流程优化必须由公司高层或者业务负责人牵头，因为业务流程均需多个部门或岗位高效协同才能有效实施。

③强调组织扁平化，减少决策层级，充分发挥员工作用。随着管理技术的不断提升，新的管理工具、管理手段、管理信息系统不断被引入；同时社会分工越来越细，员工素质越来越高。现在组织出现了几种明显的发

展趋势，主要有扁平化、专业化、分权化、柔性化、阿米巴、平台化6种。

大家都知道，企业管理层级的增加会造成管理人员的急剧膨胀，同时又会导致企业运营效率不断降低，决策速度越来越慢。所以现在越来越多的企业开始思考并重视组织的扁平化管理。

根据《哈佛商业评论》的介绍，高层管理职位的管理幅度以4~8为宜，基层管理职位的管理幅度以8~15为宜。当然，这也不能一概而论，还是需要结合企业的实际进行设计。

企业要想实现扁平化的管理，一定要以完善的流程体系为基础；否则，扁平化的管理只能是企业的一厢情愿。

④强调具有流程管理思想的员工队伍建设。员工是否具有流程管理思想，是企业实施流程管理能否取得成效的关键所在。

（4）立足企业实际，坚持循序渐进，持续优化。业务流程优化绝对不能一蹴而就，它需要从流程意识培养、流程文化塑造、流程技巧掌握、流程现状分析、流程优化思路确认、流程优化及配套设计、流程机制建立等各个方面进行全方位共同考量。况且流程能否有效实施，又与流程执行者的素质以及公司流程绩效评价机制有很大的关系。因此，业务流程优化一定要遵循渐进、持续原则。

2. 迈克·哈默业务流程再造8大原则

（1）围绕结果进行组织，而不是围绕任务进行组织。企业应当围绕某个目标或结果，而不是单个的任务来设计流程。

（2）让利用流程结果的人执行流程。基于计算机的数据和专门技能越来越普及，部门、事业部和个人可以自行完成更多的工作。那些用来协调流程执行者和流程使用者的机制可以取消。

（3）要将信息处理工作归入产生该信息的实际工作流程。

（4）将分散各处的资源视为集中的资源。企业可以利用数据库、电信网络和标准化处理系统，在获得规模和合作的益处的同时，保持灵活性和优良的服务。

（5）将平行的活动连接起来，而不是合并它们的结果。将平行职能连接起来，并在活动进行中，而不是在完成之后，对其进行协调。

（6）将开展工作的地方设定为决策点，并在流程中形成控制。让开展工作的人员决策，把控制系统嵌入流程之中。

（7）从源头上一次获取信息。当信息传递难以实现时，人们只得重复收集信息。如今，当我们收集到一份信息时，可以把它储存到在线数据库里，供所有需要它的人查阅。

（8）领导层要支持。流程再造要获得成功必须具备一个条件：领导层真正富有远见。除非领导层支持该工作，并能经受住企业内的冷嘲热讽，否则人们不会认真对待流程再造。为了赢得安于现状的人的支持，领导层必须表现出投入和坚持——可能再带一点狂热。

3. 阿什利·布拉干扎业务流程再造 10 大原则

（1）全面业务流程再造需要在大家对组织的变革动因充分认同的基础上进行，而这种变革动因既可以是危机，也可以是机遇。

（2）只有当跨职能变革而不是其他的什么方式成为实现变革动因的需要时，成功实施全面流程再造才会成为可能。

（3）当人们认识到组织要素，即战略、结构、人员责任和评估标准、协作行为以及信息系统将要有所改变，并且这些要素应该与职能流程导向看齐时，更有可能实现全面的流程再造。

（4）当人们明确并接受组织所需的所有变革时，全面流程再造就更可能实现。

（5）当包括董事会成员、高层管理者、中层管理者和员工在内的所有人都愿意让变革影响他们时，就更容易建立全面的流程意识。

（6）当人们发现需要处理的某些问题，并把那些问题和所需的真正变革联系起来时，全面的流程再造才更有可能实现。

（7）在进行全面流程再造时，如果能够根据各个问题的实际同时运用革命性和改良性的实施方法，变革更有可能获得成功。

（8）公司只有通过全面行动方案激发人们实施变革的主人翁意识和意愿，全面的流程再造才更可能取得成功。

（9）如果变革的实施者和接受者都能认同这两种角色，并且意识到它们是相互关联的，而且愿意扮演这两种角色，就更可能实现全面流程再造。

（10）衡量全面流程再造所取得的成果，要看变革动因是否被根除，以及行为方式改变的程度。

4.乔·佩帕德和菲利普·罗兰业务流程优化 15 原则

乔·佩帕德和菲利普·罗兰认为，流程再造要走上成功之路，必须遵循下面的 15 条原则：

（1）高层管理者的口头和行动支持至关重要。高层管理者们的支持、精力和推动必须长期坚持，才能保证组织是在做实事。

（2）必须沟通、沟通、再沟通。人们必须了解为什么要改进、未来的远景以及他们在其中的地位与作用，甚至包括失去工作的可能性。

（3）善待人，尊重人。因为每个人都希望别人能够用期待我们对待他们的方式来对待我们。

（4）选对主持者。一位优秀的主持者虽然并不能保证项目的成功，但是一个不称职的主持者肯定很快就能用自己的手把项目杀死。

（5）明确重新设计的目标。组织的愿景一定要明确，要对客户需求、需求模式、约束条件和效率目标进行深入分析和理解。流程再造项目的目标要设定在这些方面的绩效改进上。

（6）项目的规模和范围要与目的相适应。项目的预期一定要与项目的规模和范围相适应。

（7）设定进取的再造绩效目标。设定目标和度量绩效是理解、管理和改进流程的关键，尤其应该注意的是构建绩效度量体系。

（8）理解被重新设计流程的环境。再造项目的目标和方法必须同企业的具体状况相适应。

（9）整体对待流程再造哲理。成功的流程再造需要各个战线的全面行动，孤立地改变一个要素不大可能得到预想的效果，甚至会对其他要素产生负面影响。

（10）短线出击。尽量早地展示出成功的迹象和初步成就有助于克服阻力、营建动力以及"能够做到"的心态，使人们增强信心。

（11）要保证流程与所服务的市场需求相"匹配"。市场需求和向市场提供服务的流程之间"匹配"的重要性胜过一切。

（12）要认识到客户和供应商参与流程重新设计的必要性。客户以及供应商往往能够对流程的重新设计提出非常有价值的看法和建议。这种做法还有助于密切客户关系。

（13）要舍得投入资源。如果流程再造对组织是重要的，就值得投入最好的人才，全力以赴地去做。

（14）要认清信息技术对新设计提供的机会。技术可能成为新流程设计的强大推动力，组织必须不断地对如何应用新老技术进行评价。

（15）认清流程再造可能只是一个开头。必须以持续改进作为目标，使得随着时间发展交替的跃进和渐进改进成为正常模式。

5. 互联网时代业务流程再造 4 大原则

不管是迈克·哈默、阿什利·布拉干扎，还是乔·佩帕德和菲利普·罗兰，他们提出的业务流程再造理念都存在一定的缺陷。虽然大家都谈到领导支持、流程组织变革、利用信息技术固化流程等基本原则，但在互联网时代，这些原则还不够聚焦，本书在此基础上根据互联网时代特点，把业务流程再造的原则归结为用户、产品、速度、平台四个方面。

（1）用户，用户，还是用户。这是互联网时代企业业务流程再造的关键，任何离开用户（包括外部客户、终端用户、内部客户）满意的所谓业务流程再造都是在"耍流氓"。

（2）产品，产品，还是产品。在互联网时代，企业在做产品的时候与之前发生了根本性的变化。如传统企业强调性价比，而现在更加强调极致；传统企业强调多功能、一体化，而现在更加强调简约；传统企业做产品是企业内部的事，现在转为让用户参与产品研发与生产、销售全过程，这叫客户体验；传统企业强调"推"（即企业通过广告、促销等手段让客户选择购买），互联网时代主张"拉"（即得"粉丝"者赢天下，好产品会说话），等等。以上这些改变，足以说明在互联网时代产品的重要性。

（3）速度，速度，还是速度。张瑞敏曾经说过：现在企业的竞争不是大鱼吃小鱼，而是快鱼吃慢鱼，精鱼吃傻鱼。这句话用在互联网时代更加切合。企业在进行业务流程再造的时候一定要记得：速度，速度，还是速度！因为有了速度，小鱼也可以吃大鱼；有了速度，傻鱼也可以吃掉精鱼。

（4）平台，平台，还是平台。在互联网时代，所有的企业都将平台化，公司将被看做一个投资方与员工共同创造的平台，员工不再是打工，而是借助公司的平台展示自己才华和实现自己的人生价值。

PART TWO

流程优化与再造五步法

根据经验，我们将企业流程管理分为企业流程规划、流程现状描述与问题分析、流程优化或流程再造、流程配套设计、流程信息化5个步骤。

其中，根据企业的实际运营需要，准确地对现有流程运作体系进行定义和识别，是我们进行流程优化管理的第一步工作；流程规划完成后，企业就需要对流程现状进行全方位诊断及分析，发现流程存在的问题，分析可能导致的结果以及优化要点及方法；根据流程存在问题及优化要点进行流程优化与再造；将新的运行流程设计出来后，我们还需要根据流程运行的需要，进行相关配套体系的设计，搭建流程的基础运行平台；为了确保流程有效实施，流程优化及配套体系完成后，还需要为新设计的流程搭建良好的流程运作平台，这就是我们通常所说的流程信息化规划、信息化系统实施与集成、经营驾驶舱及商业智能等。

第三章

企业流程规划

价值链、价值环分析

业务蓝图绘制

业务逻辑关系图与流程规划

一、价值链、价值环分析

价值链理论[1]是由美国管理学教授迈克尔·波特提出的（如图3-1），他把企业的所有活动分为两大类：基本活动（价值创造活动）与支持活动（支持价值创造活动）。迈克尔·波特认为，企业参与的价值活动中，并不是每个环节都创造价值，实际上只有某些特定的价值活动才真正创造价值，这些真正创造价值的经营活动，就是价值链上的"战略环节"。企业要保持的竞争优势，实际上就是在价值链某些特定战略环节上获得优势。借用迈克尔·波特的价值链理论，我们认为企业必须对真正创造价值的活动进行规划及分析，并在此基础上详细规划出企业的核心业务流程。

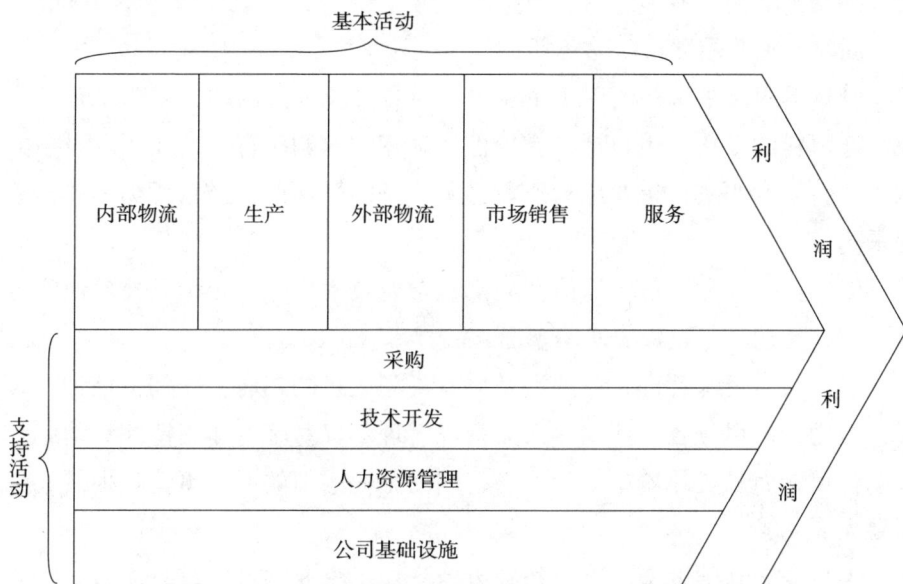

图 3-1　价值链模型

如图 3-1 所示，迈克尔·波特提出的价值链模型是企业普遍应用的一

---

[1]〔美〕迈克尔·波特.竞争优势［M］.北京：华夏出版社，2009.第37页。

种价值分析模型。因为按照价值链模型理论，企业只要选择和不断完善自己的基本活动便可获得更多的收入；而支持活动又可以帮助企业进行有效的成本控制，这样一来企业便可获得一定的利润。

企业的基本活动包括：

（1）内部物流。与接收、存储和分配相关联的各种活动，如原材料搬运、仓储、库存控制、车辆调度和向供应商退货。

（2）生产。与将投入转化为最终产品形式相关的各种活动，如机械加工、包装、组装、设备维护、检测等。

（3）外部物流。与集中、存储和将产品发送给买方有关的各种活动，如产成品库存管理、原材料搬运、送货车辆调度等。

（4）市场营销。与提供买方购买产品的方式和引导他们进行购买相关的各种活动，如广告、促销、销售队伍、渠道建设等。

（5）服务。与提供服务以增加或保持产品价值有关的各种活动，如安装、维修、培训、零部件供应等。

同时，企业的支持活动包括：

（1）采购。是指购买用于企业价值链各种投入的活动。采购既包括企业生产原料的采购，也包括与支持性活动相关的购买行为，如研发设备的购买、新技术购买、企业经营所需相关服务的采购以及经营所需相关信息的采购等。

（2）技术开发。每项价值活动都包含着技术成分，无论是技术诀窍、程序，还是在工艺设备中所体现出来的技术。

（3）人力资源管理。包括涉及所有类型人员的招聘、雇佣、培训、开发、激励、留用等各种活动。人力资源管理不仅对基本和支持性活动起到辅助作用，而且支撑着整个价值链，因为企业内部的所有事情归根结底都需要人去完成。

（4）公司基础设施。企业基础设施支撑了企业的价值链条，诸如企业发展战略及年度经营计划为企业价值创造确定了方向，企业规范化管理为企业价值创造提供了方法和手段，企业信息系统为企业价值创造提供全程记录及监控等。

迈克尔·波特认为，企业要想获得最大化的收益，可以考虑从以下4

个方向进行创新：

(1) 是否可以在降低成本的同时维持价值（收入）不变。

(2) 是否可以在提高价值的同时保持成本不变。

(3) 是否可以在降低工序投入的同时又保持成本收入不变。

(4) 更为重要的是，企业是否可以同时实现（1）（2）（3）条。

当然，每家企业的战略不同，商业模式不同，价值链选择也会存在差异。企业可以选择产—供—销"通吃"，也可以选择其中的一两项做精、做强。

【案例 3-1】广东某美业企业价值链模型

广东某美业企业是一家专门从事面部美容产品研发、生产、销售、服务的高科技企业，图 3-2 是我们帮助该企业规划的价值链模型。

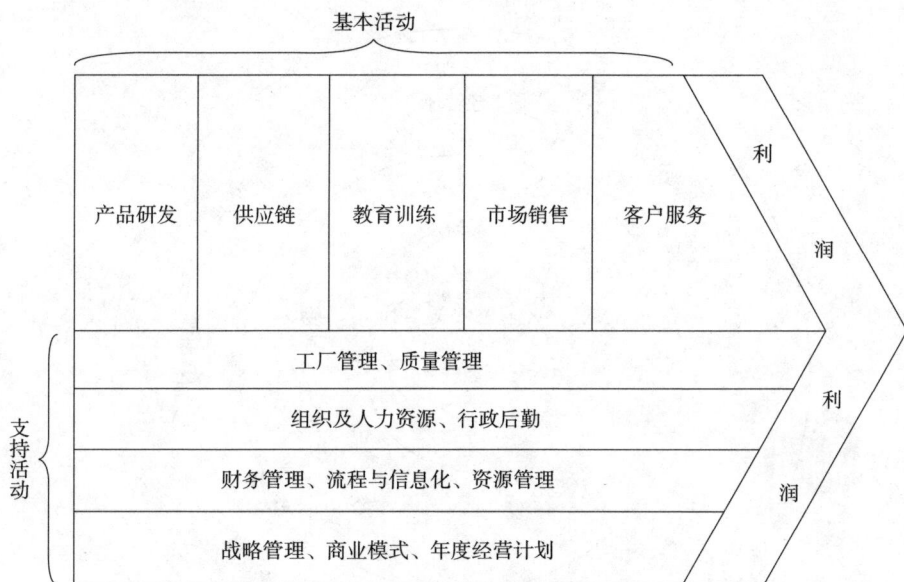

图 3-2　广东某美业企业价值链模型

价值链理论是一种静态思考问题的模式。价值链理论告诉我们，企业想要盈利，一方面可以通过基本活动开源，另一方面通过支持活动节流。如果从静态的角度看，价值链理论是没有任何问题的；但在"互联网＋"

时代，我们会发现价值链理论遇到了极大的挑战。因为价值链理论存在两大局限：其一，对于很多互联网企业而言，其基本活动往往考虑的不是增加收入，而是流量、粉丝、用户黏性等非财务性指标，这与传统企业思考经营的思路完全不同；其二，"互联网 +"时代企业的一切经营活动都是围绕用户展开的，这与价值链倡导的利润导向也是不同的，很多互联网企业为了保证客户价值主张最大化，不惜牺牲短期甚至中期的利益回报。

随着"互联网 +"时代的到来，以大数据、云计算等为基础，以用户为中心，打通用户、厂家与供应商之间的无缝连接，已经彻底改变了传统企业"技术研发—采购供应—生产制造—市场营销—经销商—用户"的经营模式，转而变为"用户 + 技术研发—用户 + 采购供应—用户 + 生产—用户 + 市场营销"的经营模式。在这种经营模式下，用户开始越来越多地参与到企业运营的各个环节，因此，在"互联网 +"时代，企业的价值链模型必须重构。

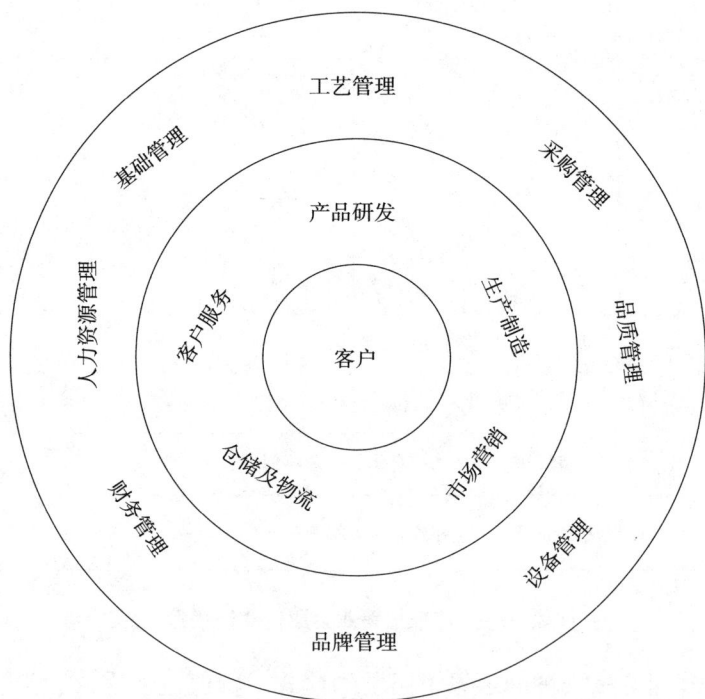

图 3-3　价值环模型（示意）

在拙作《互联网＋时代业务流程再造》（中国经济出版社，2015 年版）中，我首次提出了"价值环"[①]的概念。如图 3-3 所示，在互联网时代，不管是基本活动，还是支持活动，企业的所有业务都必须围绕用户核心诉求展开。与波特价值链模型关注利润不同，互联网时代的企业价值环模型更加关注客户。因此，企业在进行价值链分析的时候，也必须对用户核心诉求以及满足客户诉求的核心价值活动进行梳理和评估。发现导致用户价值诉求不能最大化满足的关键因素是至关重要的，这也是企业进行流程规划的起点。

二、业务蓝图绘制

价值链（价值环）分析完成之后，企业还需要结合价值链（价值环）包含的基本活动、支持活动系统规划业务蓝图。业务蓝图一方面可以帮助企业全视野看清现有业务布局，另一面还可以帮助企业进行有效的业务逻辑分析，找出现有业务中存在的问题，以便识别哪些业务活动对客户价值主张满足是有利的、哪些业务活动是没有价值的。

如图 3-4 所示，业务蓝图通常由四部分构成：

1. 企业发展战略及年度经营计划

这部分内容为企业指明发展方向，优化商业模式，明确经营目标，并建立完善的目标实现计划体系。

2. 企业运营衡量

这部分内容从 3 个维度进行企业运营状况衡量，即运营健康度指标、运营过程指标及运营结果指标。不同企业的运营衡量指标会存在差异，但健康度指标、过程指标和结果指标这三个大类都是雷同的。其中，运营健康度指标衡量企业是否具有长期、稳健经营的能力，如客户满意度、员工满意度、管理成熟度、人均产值、人均利润、投资回报周期等；运营过程指标用来衡量企业经营过程的状况，是确保企业经营结果指标顺利达成的

---

① 水藏玺 . 互联网时代业务流程再造［M］. 北京：中国经济出版社，2015. 第 57 页。

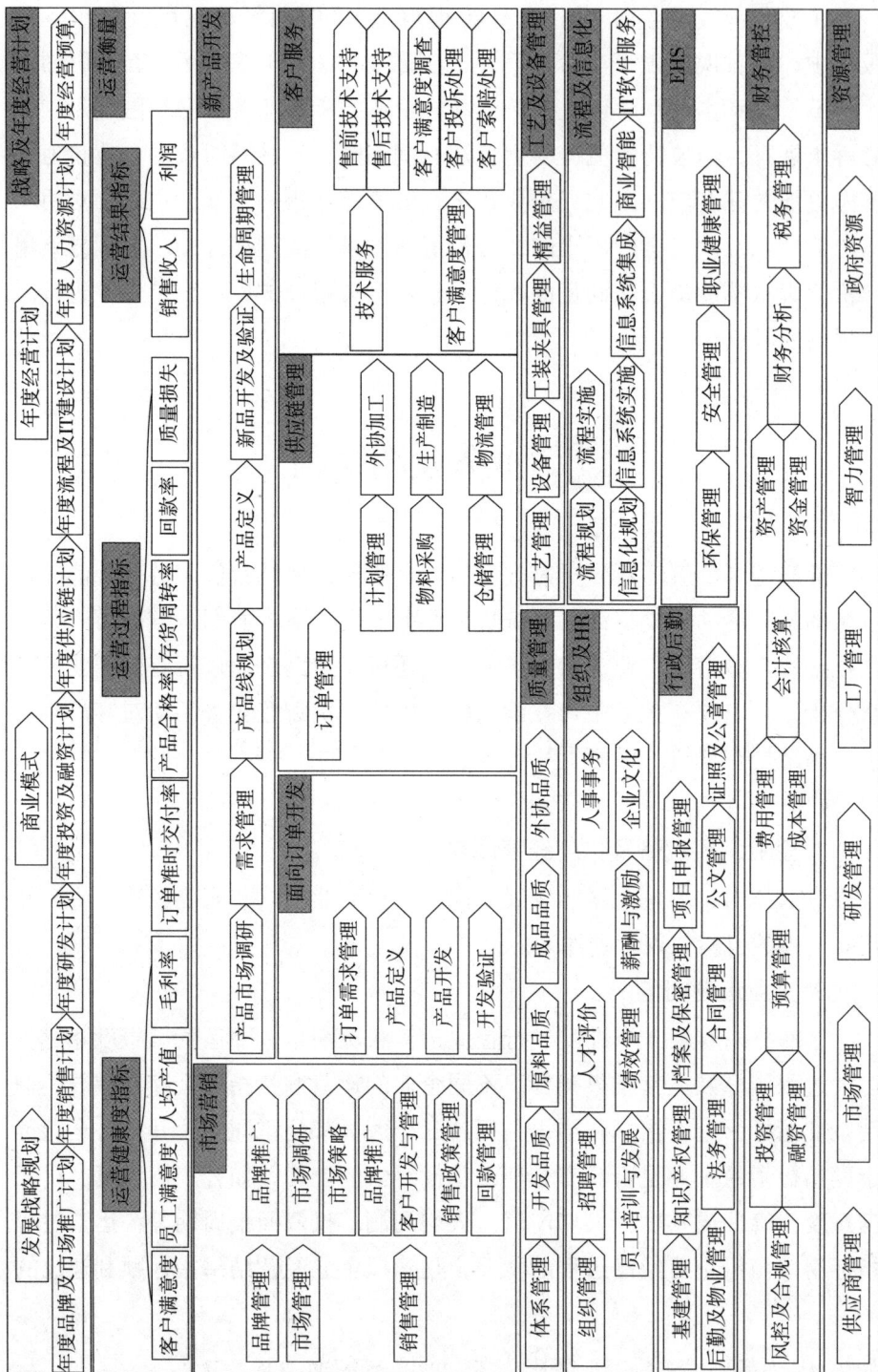

图 3-4 业务蓝图（示意）

战略及年度经营计划

年度品牌及市场推广计划 | 年度研发计划 | 年度销售计划 | 年度投资及融资计划 | 年度供应链计划 | 年度流程及IT建设计划 | 年度经营预算

发展战略规划 | 年度经营计划 | 商业模式 | 运营衡量

运营结果指标
利润 | 销售收入

运营过程指标
毛利率 | 订单准时交付率 | 产品合格率 | 存货周转率 | 回款率 | 质量损失

运营健康度指标
客户满意度 | 员工满意度 | 人均产值

市场营销
- 品牌管理
  - 品牌推广
  - 市场调研
  - 市场策略
  - 品牌推广
- 市场管理
- 销售管理
  - 客户开发与管理
  - 销售政策管理
  - 回款管理

面向订单开发
需求管理
- 产品市场调研
- 订单需求管理
- 产品定义
- 产品开发
- 开发验证

订单管理

新产品开发
新品开发及验证 | 生命周期管理
- 产品定义
- 产品线规划

供应链管理
技术服务
- 计划管理
- 物料采购
- 仓储管理
- 外协加工
- 生产制造
- 物流管理

客户服务
- 售前技术支持
- 售后技术支持
- 客户满意度调查
- 客户投诉处理
- 客户索赔处理

客户满意度管理

质量管理
- 开发品质
- 原料品质
- 成品品质
- 外协品质

组织及HR
- 人事事务
- 企业文化
- 人才评价
- 组织管理
- 招聘管理
- 绩效管理
- 薪酬与激励
- 员工培训与发展

工艺及设备管理
工装夹具管理 | 设备管理
- 工艺管理
- 流程规划
- 信息化规划

流程及信息化
流程实施 | 精益管理
- 信息系统实施
- 信息系统集成
- 商业智能
- IT软件服务

行政后勤
项目申报管理 | 证照及公章管理
- 公文管理
- 合同管理
- 档案及保密管理
- 知识产权管理
- 法务合规管理
- 基建管理
- 后勤及物业管理
- 风控及合规管理

EHS
- 环保管理
- 安全管理
- 职业健康管理
- 资产管理
- 资金管理

财务管控
会计核算
- 费用管理
- 成本管理
- 预算管理
- 财务分析
- 税务管理
- 工厂管理
- 研发管理
- 市场管理

资源管理
政府资源 | 智力管理
- 供应商管理

基础，如订单交付周期、生产计划达成率、产品不良率、存货周转次数、库存周期、回款及时率等；运营结果指标是阶段性经营成果的体现，是企业全体员工共同努力的结果，也用来衡量结果是否达到投资方诉求，如总资产回报率、利润、收入、股东价值、企业市值等。

3. 企业核心业务

与价值链模型中的基本活动类似，业务蓝图中的这部分内容需要详细列出企业从挖掘客户需求到产品研发、获取订单、订单交付、客户服务等价值创造全过程的业务活动。值得注意的是，不同企业价值创造的逻辑是不同的，有些企业是市场营销—面向订单研发—面向订单生产制造—仓储物流—客户服务，有些企业是客户需求调研—产品研发—市场营销—面向订单生产制造—仓储物流—客户服务，还有些企业是需求调研—产品研发—生产制造—市场营销—仓储物流—客户服务。总之，在绘制业务蓝图的时候一定要将企业价值创造的逻辑表达出来。

4. 企业支持业务

与价值链模型中的支持活动类似，支持业务需要规划和识别企业价值创造不可或缺的辅助和支持活动。常见的支持业务包括品质管控、设备管理、工厂管理、财务管理、组织及人力资源、行政后勤、流程与信息化、资源管理等。

【案例 3-2】广东某实业企业业务蓝图

为了让读者朋友对业务蓝图有更深一步的理解，我们将【案例 3-1】中广东某美业企业价值链展开，形成该企业的业务蓝图（图 3-5）。

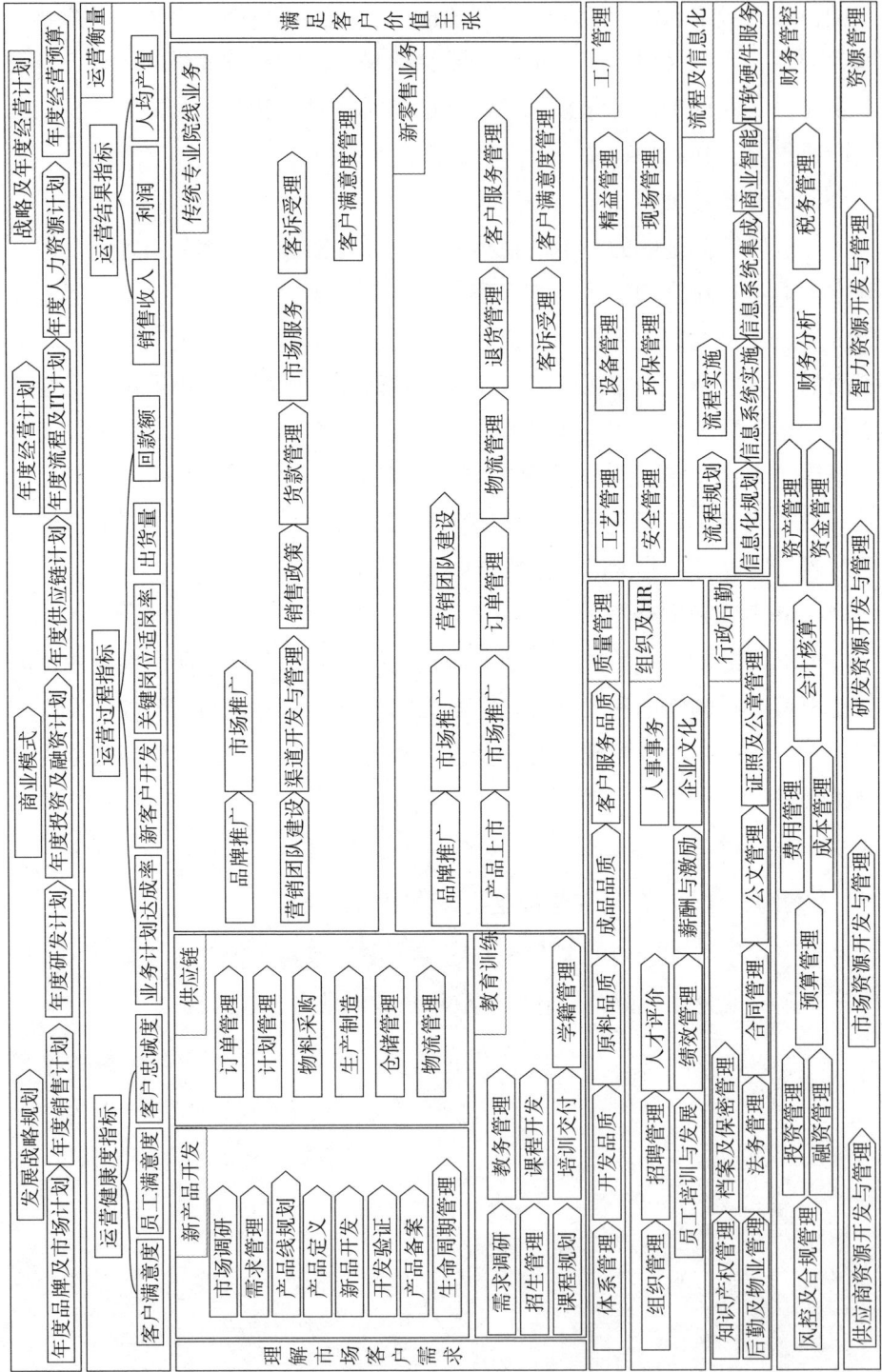

图 3-5 广东某美业企业业务蓝图

三、业务逻辑关系图与流程规划

核心业务逻辑分析是在对企业价值链（价值环）和业务蓝图分析的基础上，针对企业价值链（价值环）和业务蓝图中所涉及的每一项活动进行细化分析，分析每项活动对企业的价值贡献，以便帮助企业识别增值与非增值业务单元，为企业重新规划流程体系，以及流程体系的系统优化与再造提供依据。

核心业务逻辑分析主要包括三个环节，即识别核心业务、业务活动分析、业务逻辑分析与优化。

1. 识别核心业务

在企业中，每天都有很多业务在同时运作，有些业务是增值的，也有很多业务是非增值的，企业核心业务逻辑分析的第一步便是对现有业务进行全面盘点和梳理。

2. 业务活动分析

结合每项业务活动的绩效表现，利用访谈、问卷调查、现场观察等手段对每项活动进行分析，明确关键活动及增值活动，并识别需要加强、削弱、增加或删除的业务活动。

3. 业务逻辑分析与优化

根据对现有核心业务的系统分析，企业还需要对这些核心业务活动的逻辑关系进行分析，以便确定这些业务活动存在的必要性及先后顺序。

在这里，很多读者朋友经常会问这样一个问题，那就是一家企业的核心业务活动究竟是多好还是少好？这也是我们在帮助企业进行流程优化的过程中经常遇到的问题。

很多管理者认为，为了把工作做得更加细致，需要在管理和业务环节上增加很多的控制点。然而这样一来，工作会越来越复杂，工作量也会越来越大，一个部门会裂变出若干个岗位，甚至会分解成若干个部门，企业的组织会越来越庞大，流程也会越来越长，相应地，企业的运作效率也就越来越低。

需要说明的是，企业内部的管理和业务工作并不是越多越好，而是要根据业务的需要恰到好处地设计，这才是最理想的。

特别是互联网时代，企业在做业务分析和布局的时候，通常会做减法：固定资产投入做减法，让尽可能多的钱流动起来；产品做减法，专心打造让客户尖叫的产品；渠道做减法，建设扁平化的渠道模式；工厂做减法，变大规模生产为柔性化生产；管理层级做减法，干掉多余的中层；管理做减法，让高效成为企业运营的主旋律。

总之，做减法需要企业简化内部流程，提升效率，以客户需求为导向，最大化满足客户核心价值主张。

【案例3-3】深圳某高科技企业核心业务逻辑关系图及流程规划

深圳某企业是一家从事医疗机械研发、生产、销售的高科技企业，受该企业委托，我们对该企业整合营销、集成研发、集成供应链、集成财经服务、人力资源业务逻辑进行了系统分析，并在此基础上为该企业规划出了业务流程清单。

（1）深圳某高科技企业整合营销业务逻辑关系图及流程规划（表3-1、图3-6、表3-2）。

表3-1　深圳某高科技企业整合营销核心业务活动规划表

业务阶段	业务活动项数	主要业务活动名称
营销规划	7项	1.1 年度营销计划；1.2 年度销售目标（渠道、客户、产品、月份）；1.3 年度品牌建设计划；1.4 年度市场研究及推广计划；1.5 年度客户及渠道开发计划；1.6 年度营销政策；1.7 年度营销预算
品牌宣传及市场推广	6项	2.1 品牌宣传及推广（品牌宣传、品牌监测与危机管理、品牌形象维护）；2.2 展会推广实施（展会选择、展会策划、参展管理）；2.3 渠道推广渠道选择与实施；2.4 媒介推广、选择与实施；2.5 市场推广效果评估；2.6 市场信息收集与分析
客户及订单开发	16项	3.1 客户搜寻；3.2 需求分析与商机开发；3.3 营销方案拟定；3.4 营销方案讲解；3.5 预研管理；3.6 销售订单评审；3.7 销售合同签订；3.8 订单执行监控；3.9 季度/月度销售目标分解与关键策略规划；3.10 月度销售预测及计划；3.11 销售货款管理；3.12 销售数据与报表管理；3.13 销售总结与分析；3.14 客户档案管理；3.15 销售费用控制；3.16 销售费用分析
客户服务	7项	4.1 客户满意度检测；4.2 客户满意度弱项改进；4.3 客户投诉受理；4.4 客户维修处理；4.5 客户技术服务需求响应；4.6 客户技术服务需求处理；4.7 客户服务档案管理

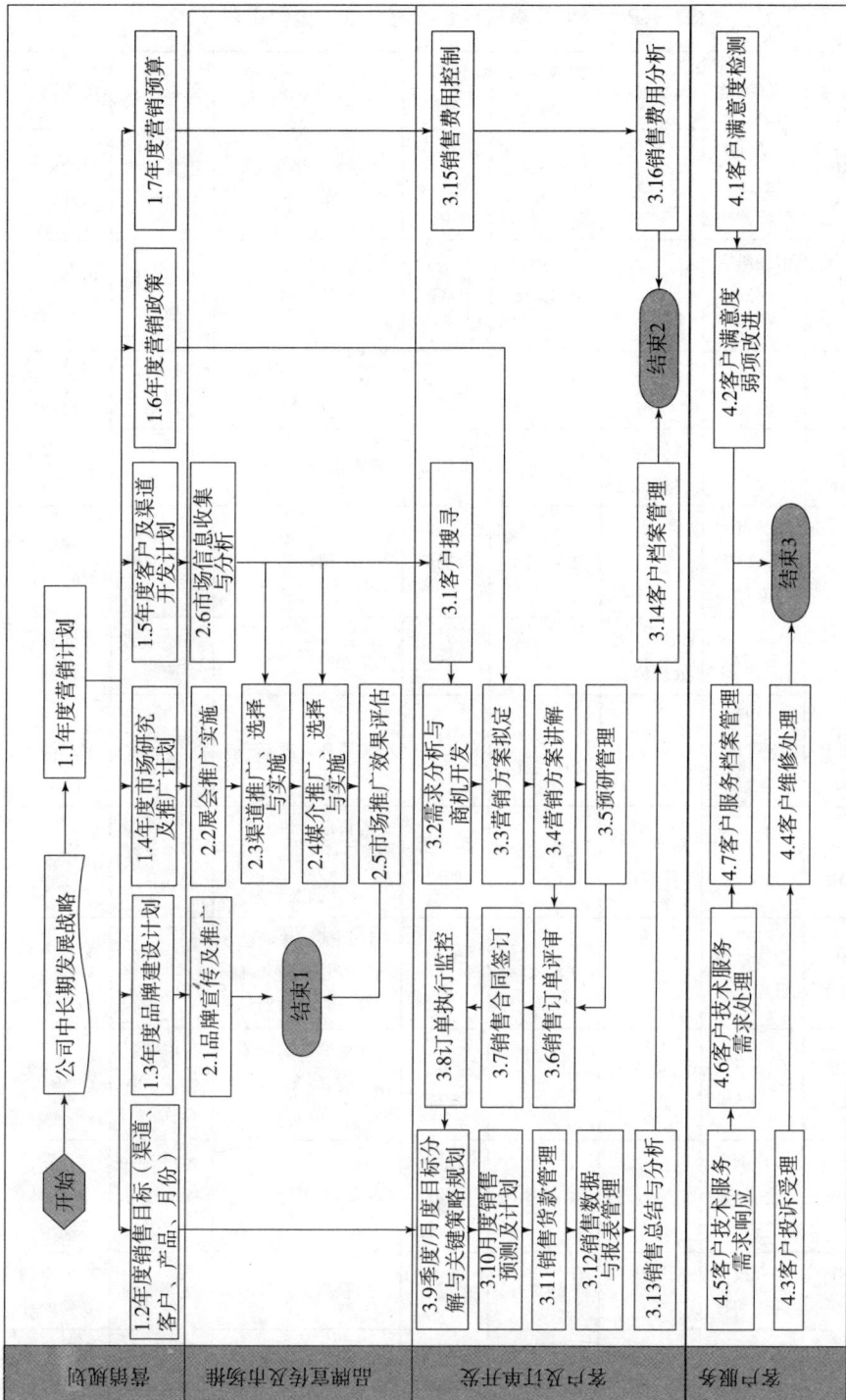

图 3-6　深圳某高科技企业整合营销核心业务逻辑关系图

表 3-2 深圳某高科技企业整合营销流程规划

流程编号	一级流程	二级流程	对应业务活动	流程主人	流程相关部门	流程输入	流程输出
IM-MP-01	营销预测与计划流程		1.2、3.9、3.10	销售部	计划部、销售部、生产部	销售预测提报	月度销售计划
IM-SP-01	市场研究和分析流程		1.4	市场部	销售部	市场布局规划	市场研究分析报告
IM-SP-02	市场推广流程		2.2、2.3、2.4、2.5	市场部	销售部、研发中心、产品中心	市场推广计划	市场活动效果评估
IM-SP-02-01		参展管理流程	2.2	市场部	销售部、研发中心	市场活动选题	活动效果评估
IM-SP-03	品牌策划与宣传流程		1.3、2.1	市场部	销售部	品牌战略	品牌监测与分析
IM-SP-03-01		品牌危机处理流程	2.1	市场部	销售部	品牌活动选题	活动效果评估
IM-SP-04	客户开发与管理流程		1.5、3.1~3.6、3.14	销售部	商务管理部	年度客户规划	客户档案
IM-SP-04-01		新产品报价流程	3.3~3.6	商务管理部	销售部、研发中心、产品中心、采购部	报价申请	价格审批
IM-SP-05	销售订单管理流程		3.6~3.13	销售部	计划部、总经理室、产品中心、研发中心（前端）	客户询单、PO	客户订单转单
IM-SP-05-01		订单变更流程	3.8	商务管理部	计划部、制造体系、销售部、产品中心	订单变更需求/申请	订单变更审批
IM-MP-02	客户满意度管理流程		4.1、4.2	品管部	销售部	客户满意度调查方案	客户满意度结果发布
IM-MP-03	客户投诉处理流程		4.3	品管部	品管部、销售部	受理投诉	投诉得到妥善处理
IM-SP-01	客户技术服务流程		4.5、4.6、4.7	售后服务部	品管部、销售部	客户服务年度计划	客户服务总结分析

（2）深圳某高科技企业集成研发业务逻辑关系图及流程规划（表3-3、图3-7、图3-8、表3-4）。

表 3-3　深圳某高科技企业集成研发核心业务活动规划表

业务阶段	业务活动项数	主要业务活动名称
产品规划	8项	1.1 产品战略；1.2 年度基础技术研究计划；1.3 年度技术趋势研究计划；1.4 年度产品路径规划；1.5 年度产品趋势研究计划；1.6 年度产品开发计划；1.7 年度老产品更新计划；1.8 年度研发预算
基础技术开发	6项	2.1 行业基础技术趋势收集；2.2 基础技术研究提案；2.3 基础技术研究立项；2.4 基础技术开发；2.5 基础技术验证；2.6 基础技术开发评审
产品需求与立项	7项	3.1 产品应用趋势跟进和搜集；3.2 客户新产品需求；3.3 新产品开发需求；3.4 新产品开发需求提案；3.5 立项评估（技术可行性、成本可实现性、产品盈利分析、开发周期评估、产品生命周期承诺、竞争对手分析、客户关系分析、产品路线图、研发费用预算）；3.6 产品定义书；3.7 项目立项
产品开发	13项	4.1 产品开发（工业设计、硬件开发、结构开发、软件开发、包装设计）；4.2 设计评审；4.3 研发样机；4.4 研发测试与验证；4.5 工程试产准备确认；4.6 工程试产（试产方案、试产工单、试产 SOP、试产品质控制方案、试产记录）；4.7 试产验证（可生产性评估、新产品鉴定报告、性能指标测试报告）；4.8 设计输出；4.9 量产准备（量产方案、量产 SOP、量产工单、量产品质控制方案、量产记录）；4.10 爬坡期评审；4.11 项目量产评审；4.12 项目开发总结；4.13 项目专利申请
新产品上市与推广	5项	5.1 新产品发布；5.2 新产品推广资料制作；5.3 新产品培训；5.4 新产品首单跟进；5.5 新项目上市总结
生命周期管理	2项	6.1 产品生命周期监测与分析；6.2 产品退市管理

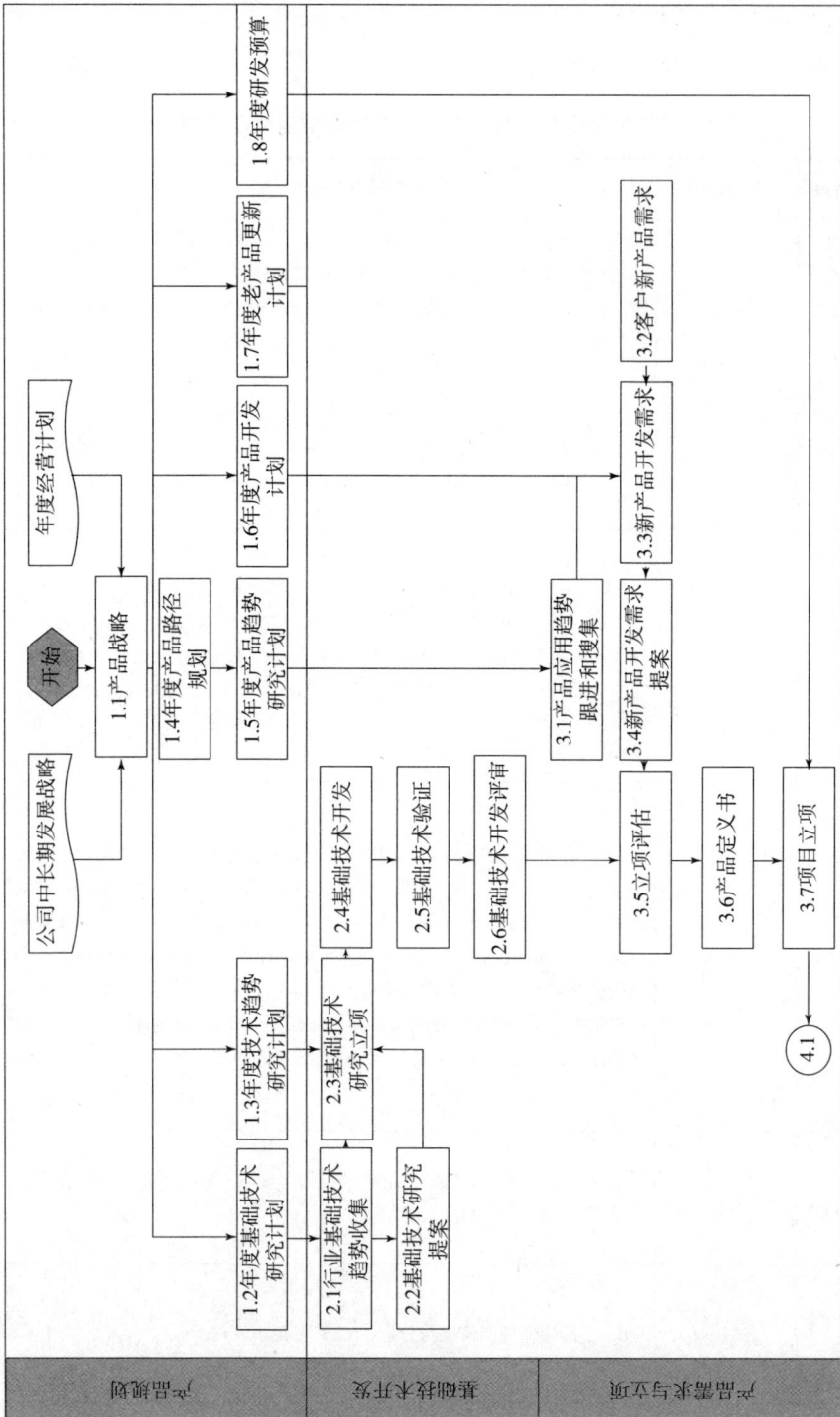

图 3-7 深圳某高科技企业集成研发核心业务关系图（产品规划、基础技术开发、产品需求及立项阶段）

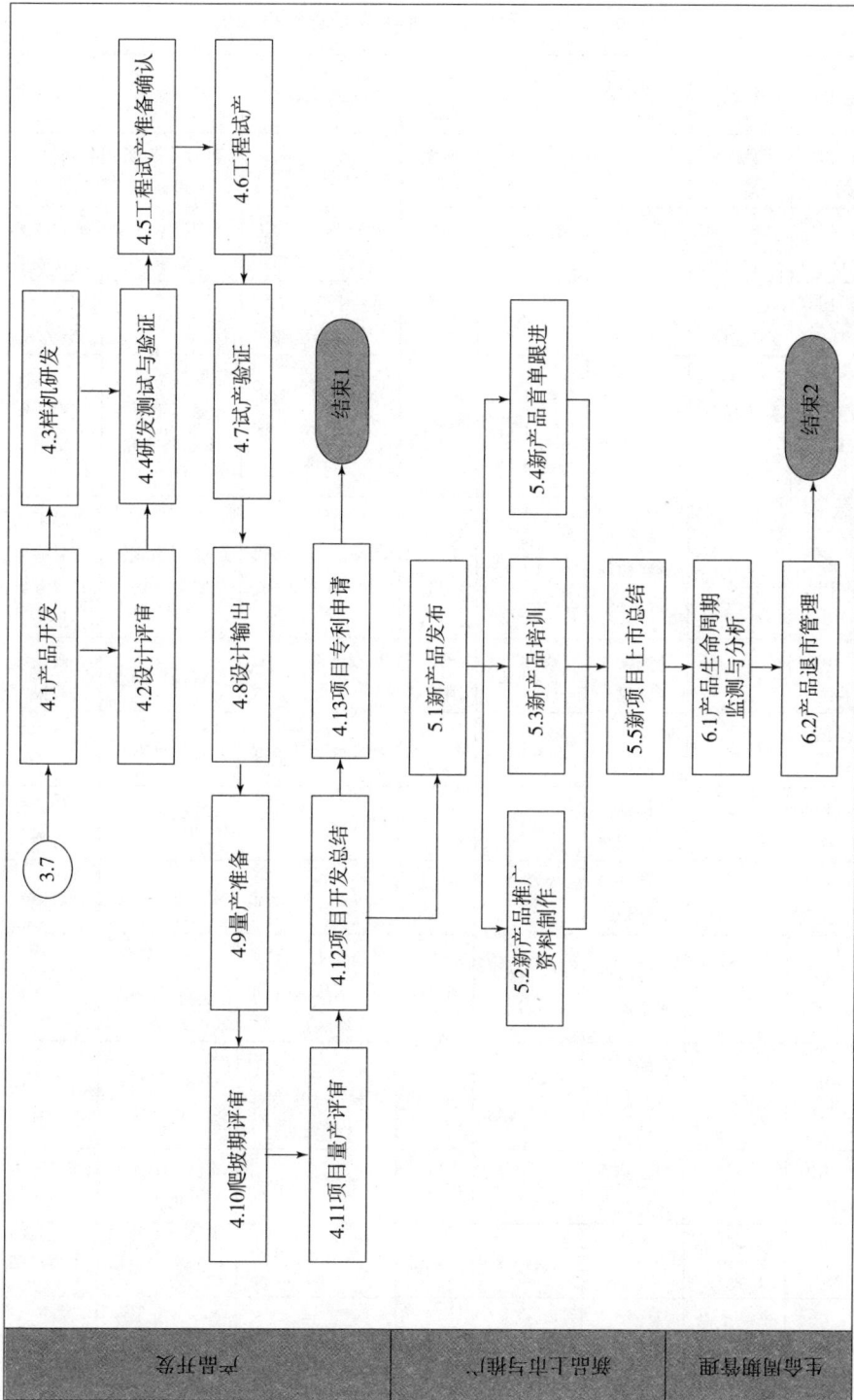

图 3-8 深圳某高科技企业集成研发核心业务逻辑关系图（产品开发、新品上市与推广、生命周期管理阶段）

表 3-4　深圳某高科技企业集成研发流程规划

流程编号	一级流程	二级流程	对应业务活动	流程主人	流程相关部门	流程输入	流程输出
IPD-BP-01	产品规划流程		1.1、1.5、1.6、1.7	研发中心	销售部、市场部	产品中长期规划	年度产品线规划图
IPD-BP-02	基础技术开发流程		1.2、1.3、2.1~2.6	研发中心	研发中心、销售部、市场部	基础技术研发需求	基础技术研发成果
IPD-BP-03	新产品立项流程		3.1~3.7	研发中心	研发中心、销售部、市场部	产品需求	产品定义书
IPD-BP-04	新产品开发流程		1.3、1.5、1.6、1.7、4.1~4.13	项目部	公司领导、销售部、市场部、项目部	年度技术研发计划、年度技术趋势研究计划	技术研发结项
IPD-BP-04-01		产品趋势研究和分析流程	1.5	研发中心	研发中心、销售部、市场部门	产品市场信息收集计划	产品市场信息需求趋势分析报告
IPD-BP-04-02		外观设计流程	4.1	研发中心	ID设计部、项目部	外观设计需求	外观设计成果
IPD-BP-04-03		硬件开发流程	4.1	研发中心	硬件部、项目部	硬件设计需求	硬件设计方案
IPD-BP-04-04		结构开发流程	4.1	研发中心	结构部、项目部	结构设计需求	结构设计方案
IPD-BP-04-05		软件开发流程	4.1	研发中心	软件部、项目部	软件开发需求	软件包
IPD-BP-04-06		工程试产实施流程	4.5、4.6、4.7	项目部	研发中心、工程部、品管部、资材部、生产部	工程试产方案、工程试产准备	技术转移
IPD-BP-04-07		产品可生产评估流程	4.9、4.10、4.11	项目部	工程部、生产部	可生产资料库、设计规范	可生产性评估总结
IPD-BP-04-08		产品结案评审流程	4.12	项目部	工程部、品管部	项目各类评审报告	项目评审报告
IPD-BP-05	新产品推广流程		5.1~5.5	市场部	研发中心、销售部	产品上市信息	上市总结
IPD-BP-06	产品生命周期管理流程		6.1、6.2	研发中心	销售部、市场部、研发中心	拟退市产品分析	产品目录更新

（3）深圳某高科技企业集成供应链业务逻辑关系图及流程规划（表3-5、图3-9、图3-10、表3-6）。

表3-5 深圳某高科技企业集成供应链核心业务活动规划表

业务阶段	业务活动项数	主要业务活动名称
年度供应链规划	6项	1.1 年度产销存规划；1.2 年度产能规划；1.3 年度供应商规划；1.4 年度工艺保障计划；1.5 年度质量规划；1.6 年度设备保障规划
月度供应链计划	7项	2.1 月度产能计划；2.2 月度生产计划；2.3 月度外协计划；2.4 月度物料需求计划；2.5 月度工艺计划；2.6 月度质量计划；2.7 月度设备维护计划
物料采购	12项	3.1 供应商开发；3.2 供应商评价；3.3 合格供应商管理；3.4 物料采购计划；3.5 新物料认证及试用；3.6 采购模式选择；3.7 采购下单；3.8 采购订单跟踪；3.9 物料品质管控；3.10 物料入库及仓储管理；3.11 采购价格管理；3.12 采购货款管理
生产实施	13项	4.1 生产作业计划；4.2 生产领料；4.3 生产指令；4.4 生产实施；4.5 外协生产管理；4.6 生产现场管理；4.7 生产成本控制；4.8 生产异常处理；4.9 工程变更；4.10 制程品质控制；4.11 生产入库；4.12 成品品质统计与分析；4.13 生产统计与分析
订单交付	7项	5.1 出货计划；5.2 物流安排；5.3 成品出库；5.4 报关与退税；5.5 物流配送；5.6 物流费用结算；5.7 逆向物流管理

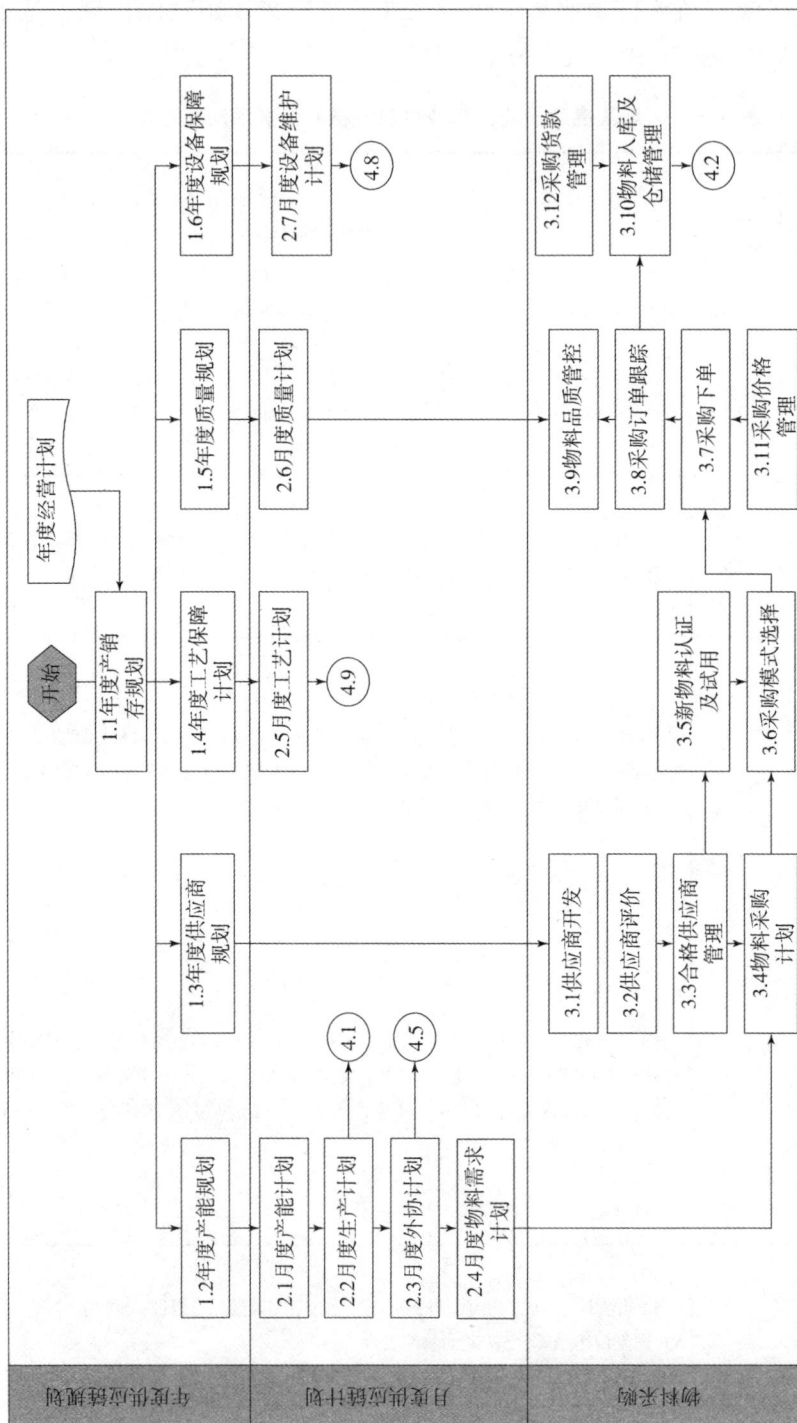

图3-9 深圳某高科技企业集成供应链核心业务逻辑关系图（年度供应链规划、月度供应链计划、物料采购阶段）

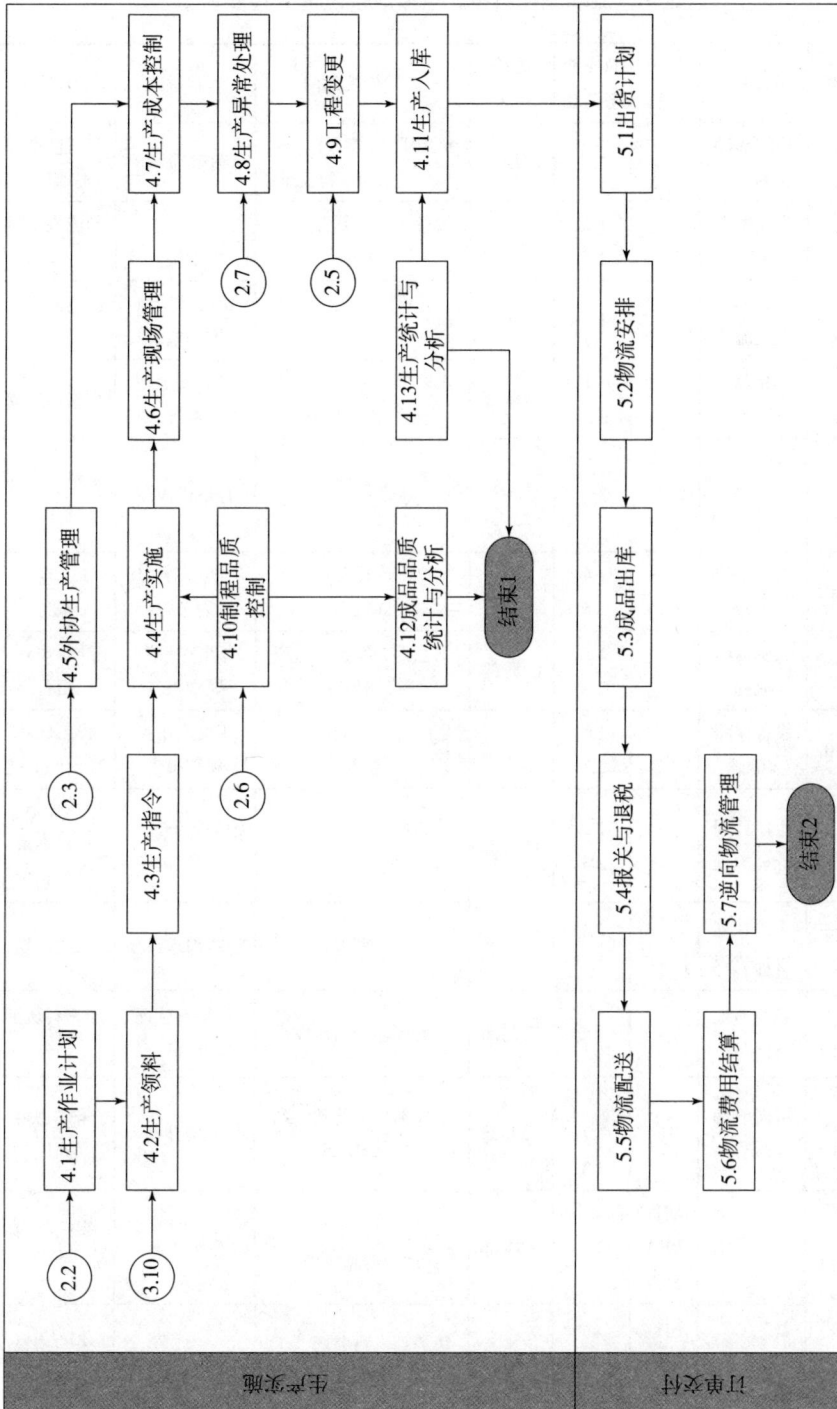

图3-10 深圳某高科技企业集成供应链核心业务逻辑关系图（生产实施、订单支付阶段）

表 3-6 深圳某高科技企业集成供应链流程规划

流程编号	一级流程	二级流程	对应业务活动	流程主人	流程相关部门	流程输入	流程输出
ISC-MP-01	年度产销存规划流程		1.1	计划部	销售部、生产部、采购部、仓储部、物流部	年度经营预测	年度产销存规划报告
ISC-MP-02	产能规划流程		1.2、2.1	生产部	设备部、计划部、工艺部	年度产销存规划报告	产能规划报告
ISC-MP-03	供应商规划流程		1.3	采购部	工艺部、品质部、生产部	年度产销存规划报告	供应商规划报告
ISC-MP-04	供应商开发流程		3.1、3.2	采购部	工艺部、品质部、生产部、产品研发部	供应商规划报告	合格供应商
ISC-MP-05	合格供应商管理流程		3.3	采购部	工艺部、品质部、生产部、产品研发部	合格供应商	合格供应商评价结果
ISC-SP-01	工艺保障流程		1.4、2.5	工艺部	生产部、设备部、产品研发部	年度产销存规划报告	工艺规划报告
ISC-MP-06	质量保障流程		1.5、2.6	品质部	工艺部、设备部、产品研发部	年度产销存规划报告	质量规划报告
ISC-SP-02	设备保障流程		1.6、2.7	设备部	生产部、计划部、工艺部	年度产销存规划报告	设备保障计划
ISC-BP-01	生产计划管理流程		2.2、2.3	计划部	采购部、生产部、产品研发部	销售预测、客户订单	生产计划、物料需求计划
ISC-BP-02	采购计划管理流程		2.4、3.4	采购部	计划部	物料需求计划	采购计划
ISC-BP-02-01	新物料认证流程		3.5	工艺部	采购部、产品研发部	新物料认证申请	新物料认证报告
ISC-BP-03	采购管理流程		3.6、3.7、3.8	采购部	财务部、工艺部、产品研发部	采购计划	采购物料到厂
ISC-BP-03-01		期货采购流程	3.6	采购部	法务部、财务部、工艺部、产品研发部	采购计划	采购物料到厂
ISC-BP-03-02		招标采购流程	3.6	采购部	法务部、财务部、工艺部、产品研发部	采购计划	采购物料到厂

续表

流程编号	一级流程	二级流程	对应业务活动	流程主人	流程相关部门	流程输入	流程输出
ISC-MP-07	物料品质检验流程		3.9	品质部	采购部	采购物料到厂	品质检验报告
ISC-BP-04	采购入库流程		3.10	仓储部	采购部、品质部	到厂物料	入库手续
ISC-MP-08	采购价格管理流程		3.11	采购部	财务部、法务部、采购委员会	采购需求	采购合同
ISC-MP-09	采购货款管理流程		3.12	采购部	财务部	采购合同、采购入库手续	付款证明
ISC-BP-05	生产作业计划管理流程		4.1	生产部	计划部	生产计划	生产作业计划
ISC-BP-06	生产领料管理流程		4.2	生产部	仓储部、计划部	生产作业计划	生产领料出库手续
ISC-BP-07	生产制程管理流程		4.3~4.8	生产部	设备部、工艺部、品质部	生产作业计划	生产记录
ISC-BP-07-01		外协制程管理流程	4.5	生产部	品质部	生产作业计划	生产记录
ISC-BP-07-02		生产异常管理流程	4.8	生产部	设备部、工艺部、品质部、采购部、销售部	生产异常信息	生产异常处理结果
ISC-SP-03	工程变更流程		4.9	工艺部	生产部	工程变更申请	工程变更处理结果
ISC-MP-010	成品品质管理流程		4.10、4.12	品质部	生产部	成品检验申请	成品检验结果
ISC-BP-08	生产入库管理流程		4.11	仓储部	生产部	成品入库申请	成品入库手续
ISC-SP-04	生产统计与分析流程		4.13	计划部	生产部、品质部、设备部	生产数据	生产分析报告
ISC-BP-09	成品物流管理流程		5.1~5.7	物流部	计划部、销售部、仓储部	发货申请	物流发货

续表

流程编号	一级流程	二级流程	对应业务活动	流程主人	流程相关部门	流程输入	流程输出
ISC-BP-09-01		报关管理流程	5.4	物流部	仓储部、销售部、计划部	报关申请	报关结果
ISC-BP-09-02		逆向物流管理流程	5.7	物流部	销售部、仓储部、计划部	逆向物流申请	逆向物流处理结果

（4）深圳某高科技企业财经服务业务逻辑关系图及流程规划（表3-7、图3-11、表3-8）。

表3-7　深圳某高科技企业财经服务核心业务活动规划表

业务阶段	业务活动项数	主要业务活动名称
财经规划	7项	1.1 年度经营计划；1.2 年度经营预算；1.3 年度资金计划；1.4 年度融资计划；1.5 年度投资计划；1.6 财务核算规则；1.7 年度税务筹划
会计核算	12项	2.1 预算执行与调整；2.2 月度资金计划；2.3 投资项目核算；2.4 销售开票；2.5 收入核算；2.6 费用报销；2.7 费用核算（销售费用、管理费用、财务费用）；2.8 材料核算；2.9 成本核算；2.10 会计报表；2.11 税务核算；2.12 税款缴交
资产管理	4项	3.1 资产管理（固定资产、存货、无形资产）；3.2 资金管理（货币资金、银行存款、应收票据）；3.3 往来账管理（应收、应付）；3.4 对账管理（应收、应付）
财务分析	3项	4.1 预算分析；4.2 财务分析与实施；4.3 经营风险控制

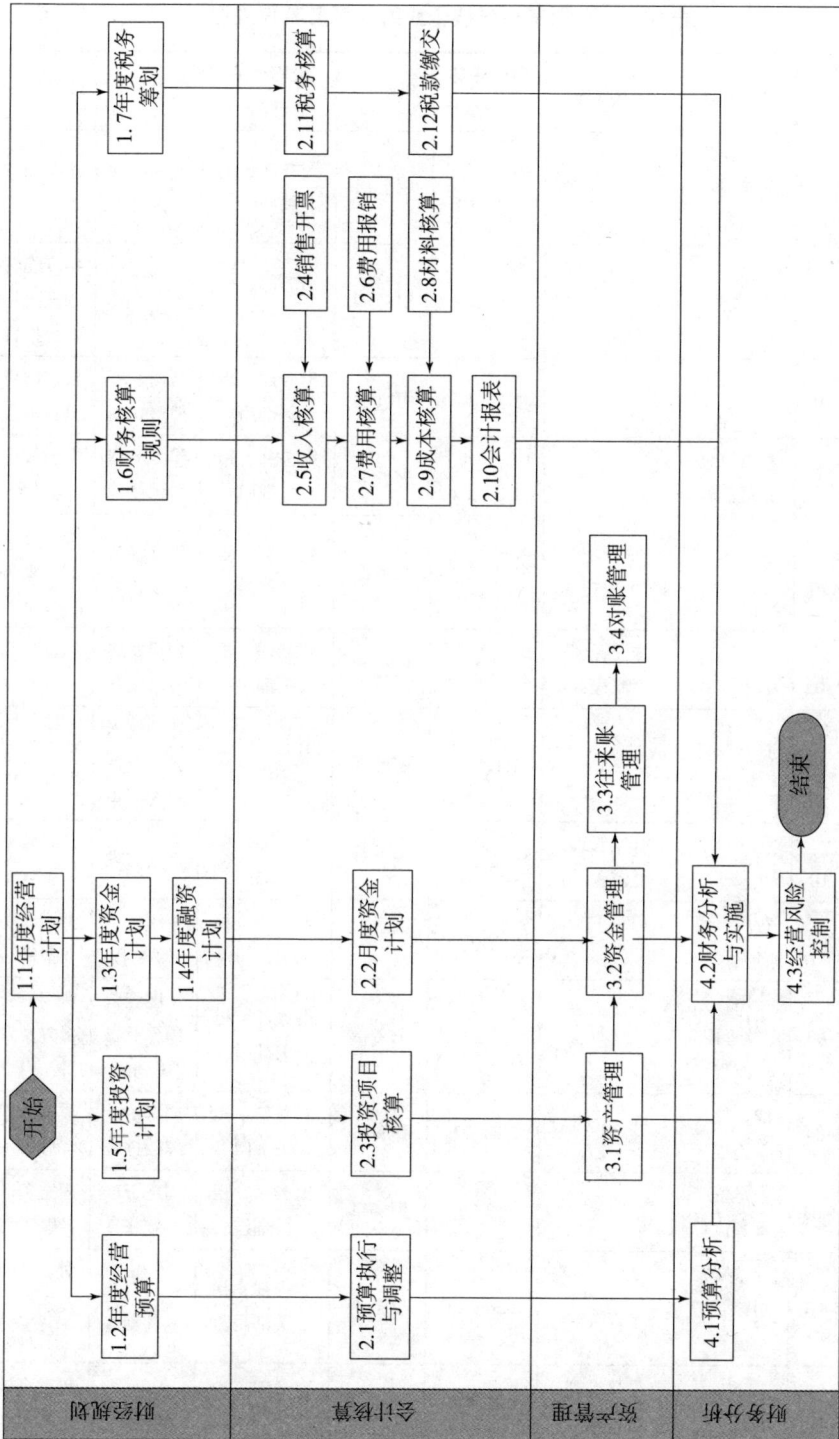

图 3-11 深圳某高科技企业财经服务核心业务逻辑关系图

以下为流程图内容：

经营规划 层：
- 开始 → 1.1年度经营计划
- 1.2年度经营预算
- 1.5年度投资计划
- 1.3年度资金计划 → 1.4年度融资计划
- 1.6财务核算规则
- 1.7年度税务筹划

核算管理 层：
- 2.1预算执行与调整
- 2.3投资项目核算
- 2.2月度资金计划
- 2.5收入核算 ← 2.4销售开票
- 2.7费用核算 ← 2.6费用报销
- 2.9成本核算 ← 2.8材料核算
- 2.10会计报表
- 2.11税务核算 → 2.12税款缴交

资金管理 层：
- 3.1资产管理
- 3.2资金管理
- 3.3往来账管理
- 3.4对账管理

财务分析 层：
- 4.1预算分析
- 4.2财务分析与实施
- 4.3经营风险控制 → 结束

表 3-8　深圳某高科技企业财经服务流程规划

流程编号	一级流程	二级流程	对应业务活动	流程主人	流程相关部门	流程输入	流程输出
IF-MP-01	年度经营预算编制流程		1.1、1.2、2.1、4.1	财务部	财务部、相关部门	年度经营目标	年度经营预算
IF-MP-01-01		年度经营预算执行与评价流程	2.1、4.1	财务部	财务部、相关部门	年度经营预算表	年度经营预算执行评价报告
IF-BP-01	投资管理流程		1.5、2.3	财务部	财务部、相关部门	公司发展战略规划	投资项目分析报告
IF-MP-02	经营资金管理流程		1.3、1.4、2.2、3.2	财务部	财务部、相关部门	年度经营预算	资金管控与平衡
IF-MP-02-01		资金计划管理流程	1.3、2.2	财务部	财务部、相关部门	年度经营预算	资金计划的实施与分析
IF-MP-02-02		融资管理流程	1.4	财务部	财务部、相关部门	公司发展战略规划	融资状况分析
IF-SP-01	收入核算流程		2.4、2.5	财务部	财务部、相关部门	各种收入凭证与资料的收集	收入的记账与分析
IF-SP-01-01		开票管理流程	2.4	财务部	财务部、相关部门	开票需求	开票数据统计
IF-SP-02	费用报销流程		2.6	财务部	财务部、相关部门	费用报销的需求	费用成功报销
IF-SP-03	费用核算及管控流程		2.7	财务部	财务部、相关部门	年度经营预算及费用凭证	费用分析报告及管控意见
IF-SP-04	成本核算流程		2.8、2.9	财务部	财务部、相关部门	成本统计数据	成本数据分析
IF-MP-03	固定资产管理流程		3.1	财务部	财务部、相关部门	固定资产登账	固定资产台账更新
IF-SP-05	往来账及对账管理流程		3.3、3.4	财务部	财务部、相关部门	公司对账计划	对账情况及账务异常分析
IF-SP-05-01		付款管理流程	3.3	财务部	财务部、相关部门	付款需求	付款有效管控

续表

流程编号	一级流程	二级流程	对应业务活动	流程主人	流程相关部门	流程输入	流程输出
IF-SP-05-02		资金内部拆借管理流程	3.3	财务部	财务部、相关部门	月度经营资金需求	内部拆借的规范操作
IF-MP-04	税务管理流程		1.7、2.11、2.12	财务部	财务部、相关部门	年度税务计划	所得税汇算清缴报告
IF-MP-05	财务分析流程		4.2、4.3	财务部	财务部、相关部门	财务分析制度	财务分析报告

（5）深圳某高科技企业人力资源业务逻辑关系图及流程规划（表3-9、图3-12、图3-13、图3-14、表3-10）。

表3-9 深圳某高科技企业人力资源核心业务活动规划表

业务阶段	业务活动项数	主要业务活动名称
人力资源规划	1项	1.1 年度人力资源规划（数量、质量、结构、素质提升、成本）
组织职位管理	6项	2.1 组织管理；2.2 公司/部门组织结构设计；2.3 部门职能划分；2.4 定岗定编；2.5 任职资格评定；2.6 工作分析与岗位说明书编写
甄选与招聘	12项	3.1 年度招聘计划；3.2 招聘方案策划；3.3 招聘渠道筛选；3.4 招聘实施；3.5 招聘信息发布和甄选；3.6 建立面试题库；3.7 人才测评；3.8 面试甄选；3.9 背景调查；3.10 拟录用通知；3.11 员工入职管理；3.12 试用期管理
培训与发展	9项	4.1 职业发展规划；4.2 培训需求收集与分析；4.3 培训计划；4.4 讲师队伍建设；4.5 培训讲义；4.6 培训实施方案（包括内训与外训）；4.7 实施培训；4.8 培训效果评估；4.9 培训档案管理
目标绩效管理	10项	5.1 绩效体系建设；5.2 绩效制度制定；5.3 绩效管理；5.4 绩效督导；5.5 绩效考核评价；5.6 干部述职；5.7 结果应用；5.8 绩效面谈；5.9 绩效改进；5.10 绩效申诉处理
薪酬激励管理	12项	6.1 薪酬管理体系设计；6.2 薪酬调研；6.3 岗位价值评估；6.4 薪酬定级；6.5 薪酬核算；6.6 薪酬发放；6.7 个税申报；6.8 统计台账；6.9 薪酬制度；6.10 福利管理；6.11 考勤管理；6.12 薪酬档案
员工关系管理	6项	7.1 员工关系管理（员工档案）；7.2 劳动合同管理；7.3 异动管理；7.4 离职管理；7.5 劳动纠纷处理；7.6 员工满意度
企业文化	3项	8.1 企业行为规范建设；8.2 标识文化建设；8.3 企业文化活动策划

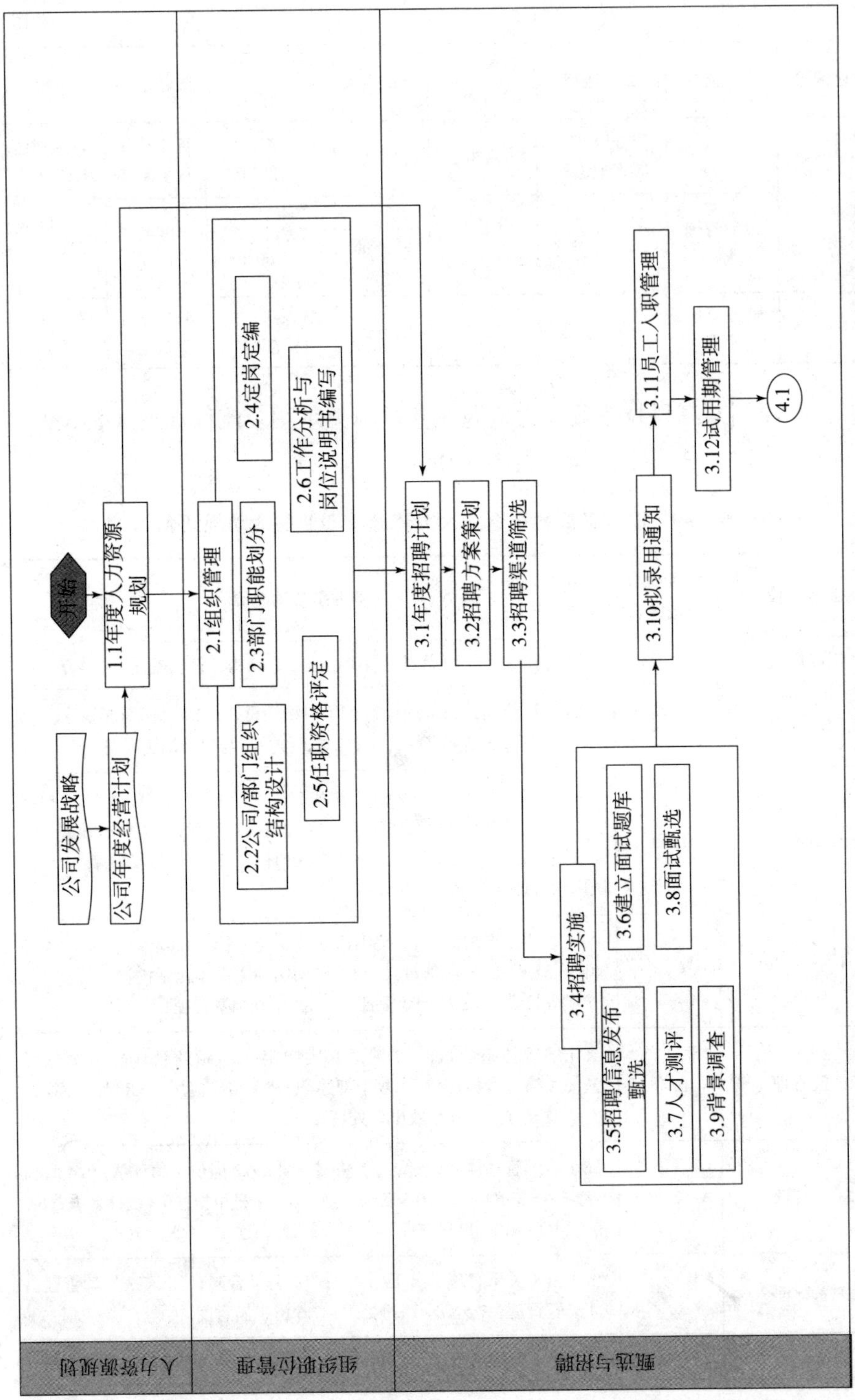

图 3-12 深圳某高科技企业人力资源核心业务逻辑关系图（人力资源规划、组织职位管理、甄选与招聘阶段）

3.12

4.1职业发展规划

4.2培训需求收集与分析

4.3培训计划

4.4讲师队伍建设

4.5培训讲义

4.6培训实施方案（包括内训与外训）

4.7实施培训

4.8培训效果评估

4.9培训档案管理

5.1绩效体系建设

5.2绩效制度制定

5.3绩效管理

5.4绩效督导

5.5绩效考核评价

5.6干部述职

5.7结果应用

5.8绩效面谈

5.9绩效改进

5.10绩效申诉处理

6.1

培训与发展

目标绩效管理

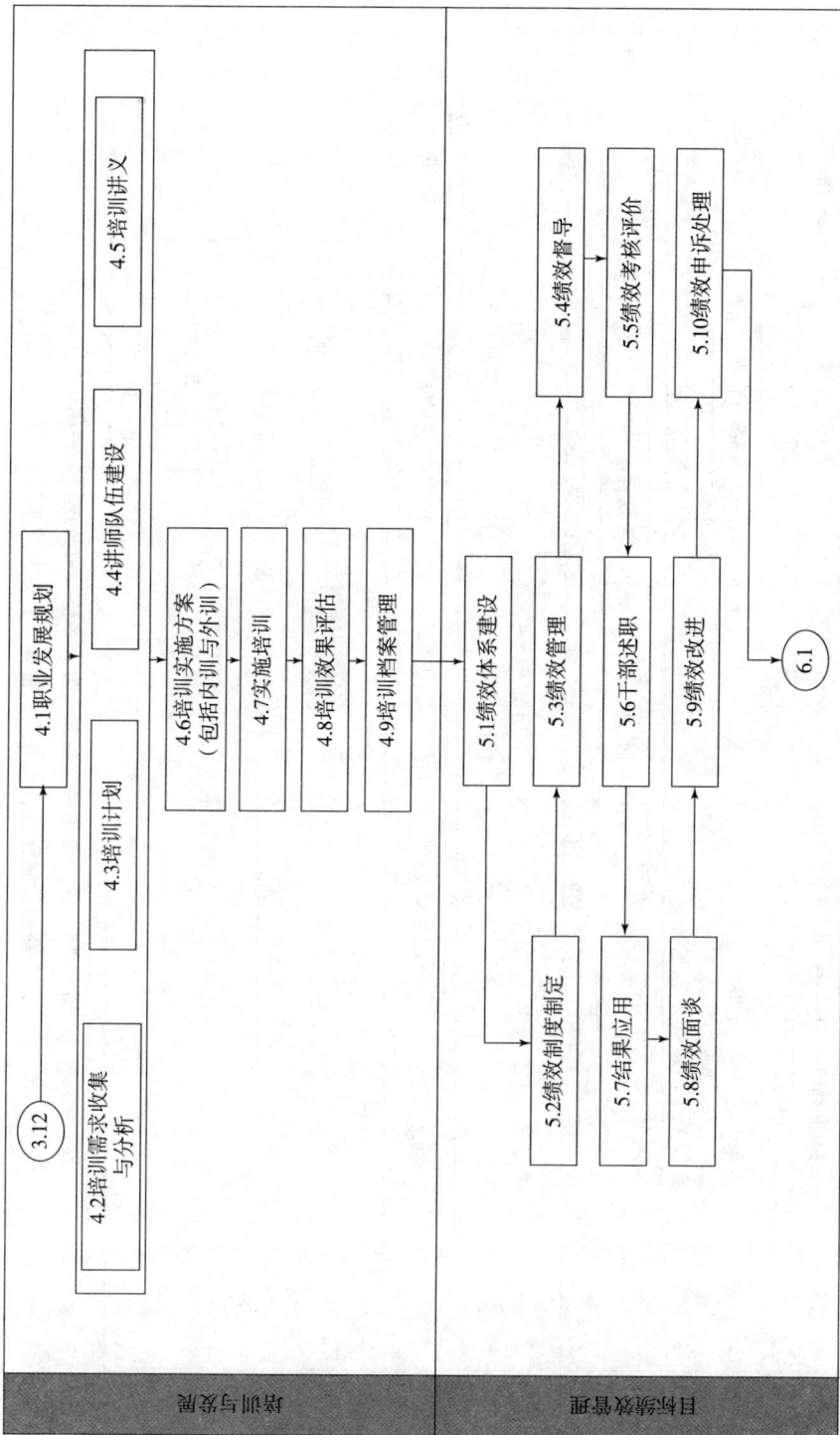

图3-13 深圳某高科技企业人力资源核心业务逻辑关系图（培训与发展、目标绩效管理阶段）

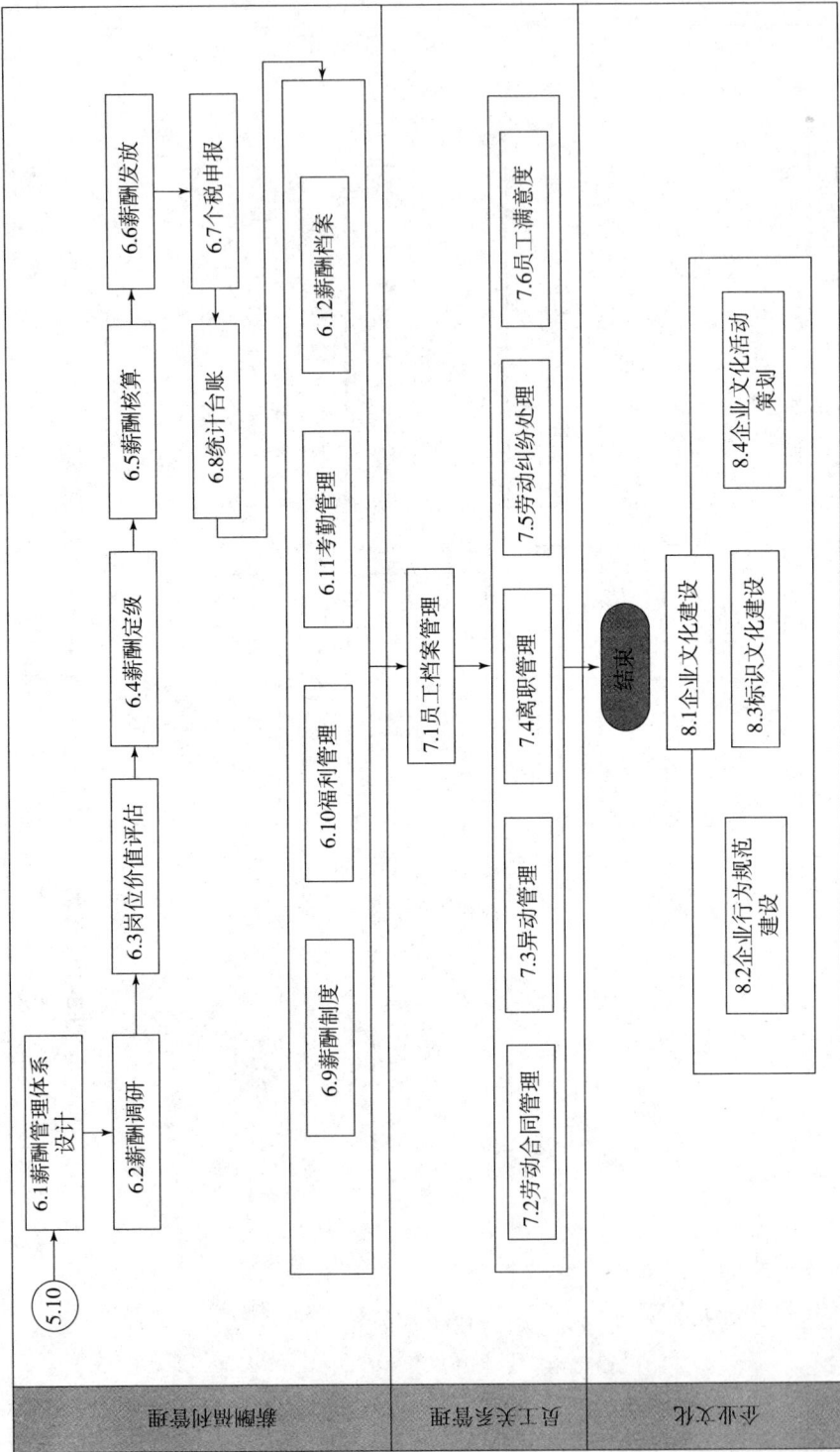

图3-14 深圳某高科技企业人力资源核心业务逻辑关系图
（薪酬激励管理、员工关系管理、企业文化阶段）

表 3-10　深圳某高科技企业人力资源流程规划

流程编号	一级流程	二级流程	对应业务活动	流程主人	流程相关部门	流程输入	流程输出
MP-HR-01	人力资源规划流程		1.1	人力资源部	各事业部/中心、总裁	公司发展战略、年度经营计划	年度人力资源规划报告
MP-HR-02	组织管理流程		2.1~2.6	人力资源部	各事业部/中心、总裁	公司发展战略	公司一级结构、二级结构、部门使命与职能
MP-HR-02-01		岗位说明书编写流程	2.6	人力资源部	各事业部/中心	组织职位管理手册	岗位说明书
SP-HR-01	招聘管理流程		3.1~3.12	人力资源部	各事业部/中心、总裁	招聘需求表	符合岗位要求的人才
SP-HR-01-01		内部招聘流程	3.3~3.7	人力资源部	各事业部/中心、总裁	招聘需求表	符合岗位要求的人才
SP-HR-01-02		试用管理流程	3.12	人力资源部	各事业部/中心	录用通知	入职手续办理完结
SP-HR-02	培训管理流程		4.1~4.9	人力资源部	各事业部/中心、总裁	培训需求	培训档案
MP-HR-03	C/D层级员工绩效管理流程		5.1~5.5	人力资源部	各部门负责人、分管领导	公司年度经营计划	考核结果
MP-HR-04	干部述职流程		5.6	总裁办	各事业部/中心、总裁	部门目标责任书、部门年度业务计划	述职评价结果
MP-HR-05	薪酬福利管理流程		6.1~6.12	人力资源部	各事业部/中心、总裁	年度经营计划	薪酬福利政策
MP-HR-05-01		薪酬核算与发放流程	6.5~6.7	人力资源部	各事业部/中心、财务部、总裁	绩效业绩、考勤记录等	工资核算表
SP-HR-03	劳动合同管理流程		7.2	人力资源部	各事业部/中心	劳动合同书、劳务协议	劳动合同档案
SP-HR-04	劳动纠纷处理流程		7.5	人力资源部	各事业部/中心	劳动纠纷发生	劳动纠纷结案、协议书
SP-HR-05	员工异动流程		7.3	人力资源部	各事业部/中心	异动申请书	员工岗位调整到位
SP-HR-06	企业文化建设流程		8.1~8.3	人力资源部	各事业部/中心、总裁	公司文化规划方案	企业文化建设总结

第四章
流程现状描述与问题分析

流程语言

泳道式流程图

流程问题分析常用的 7 种方法

流程问题分析的 7 大最佳实践

一、流程语言

准确、客观地对流程现状进行描述是我们进行流程优化与设计的基础。在进行流程现状描述时，应首先掌握如何运用各种流程绘制的符号，如图 4-1 所示。

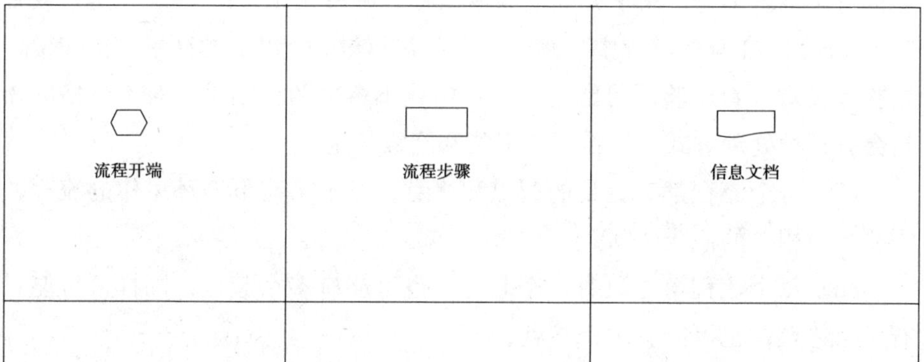

流程开端	流程步骤	信息文档
流程数据库	流程决策点	内嵌流程
流程转接符	流程顺序	流程终点

图 4-1　常用流程符号

运用以上相关符号进行流程描述时，我们应注意以下事项：

（1）注意相关流程步骤的先后顺序，避免出现逻辑关系错误。

（2）流程逻辑线条不宜交叉太多，避免造成流程阅读者误解。

（3）流程步骤描述不宜文字太多，如需详细说明，可以放在流程说明中另外阐述。

（4）运用决策点符号对流程流向进行判断时，在其前面都应有相应的流程步骤作为前期活动。在做出判断的情况下，原则上下方或右方连接"是"的情况，上方或左方连接"否"的情况，当然也可以根据流程实际进行调整。另外，每个判断后至少会存在两种结果，即"Y"（是）或者"N"（否）。在有些流程中，判断后会存在超过2个以上的结果。比如说，检验人员对来料检验后可能会存在合格或不合格两种结果，对不合格的物料会有三种处理方式——特采、退货和降级使用。

（5）每个流程都有完整的起点和终点。对于某些可循环运作的流程，需要分清相关的截止区间。

（6）每个流程可能只有一个起点，也可能有多个起点；同样，可能只有一个终点，也可能有多个终点。

（7）对流程设计中所需运用的相关文档资料，应尽量明确和清晰。

（8）为了便于知识积累和传承，对于流程中产生的文档（包括报告、制度、表单等）最好能用流程数据库进行归档和管理。

（9）如果流程步骤较多，用一页纸不能描述需要跨页，这时候就可以用流程转接符进行链接。另外，如果出现流程图中步骤连接线交叉的情况，也可以用流程转接符进行链接。

二、泳道式流程图

流程图是一种用图形描述流程的方法，它运用简单的符号、线条和语言，以图形展示流程中的作业及其先后次序。通过流程图我们可以了解、分析和研究公司的相关流程活动，发现流程运作中的薄弱环节，从而确定改进的具体方向和措施，提高效率。

　　一张流程图显示了将输入转化成为输出的全部相关过程。根据不同的流程设计目的和要求，我们常见的流程图有流程框图、工作流程图、职能流程图。

　　职能流程图，又称为泳道式流程图，由于绘制时需要对每个角色（部门或者岗位）在流程中承担的职责用相互隔离的区域进行设计和说明，就像游泳池里的独立泳道一样，因此得名。运用泳道式流程图可以更为有效地对跨部门职能运作进行分析，是目前比较理想的流程图绘制方式。

　　我们对流程图绘制的要求是简洁、清晰，不应过于复杂和烦琐。在用泳道式流程图进行流程绘制时，除了需要将流程步骤在图表中设计出来以外，为了对相关步骤进行更为详尽的说明，还需要对重要流程步骤进行编号，并在流程图附页进行说明。在后面的案例分析中，大家可以详细地看到对上述这些要求的具体操作。

　　在用泳道式流程图进行流程描述时，应该注意：

　　（1）每两条泳道隔开的部分为一个独立角色（部门或者岗位），对于一级流程而言是部门，对于二级部门而言则是岗位。

　　（2）流程步骤不宜太多，每个流程控制在不超过15个步骤为宜，特殊情况可以控制在20步之内，最好不要超过25步。

　　（3）一般情况下，流程的左边为相关角色（部门或者岗位）、中间为流程归口角色（部门或者岗位）、右边为流程审批角色（部门或者岗位）。

　　（4）为了便于识别流程归口角色（部门或者岗位），一般情况下流程应该从归口角色（部门或者岗位）开始，也在归口角色（部门或者岗位）结束。

【案例4-1】泳道式流程图

（1）新产品开发流程。

图4-2所示的新产品开发流程有3条泳道，分别为生产部/品质部/工艺部、产品研发部、研发副总，同时这个流程有两个开始，另外共有15个核心步骤。

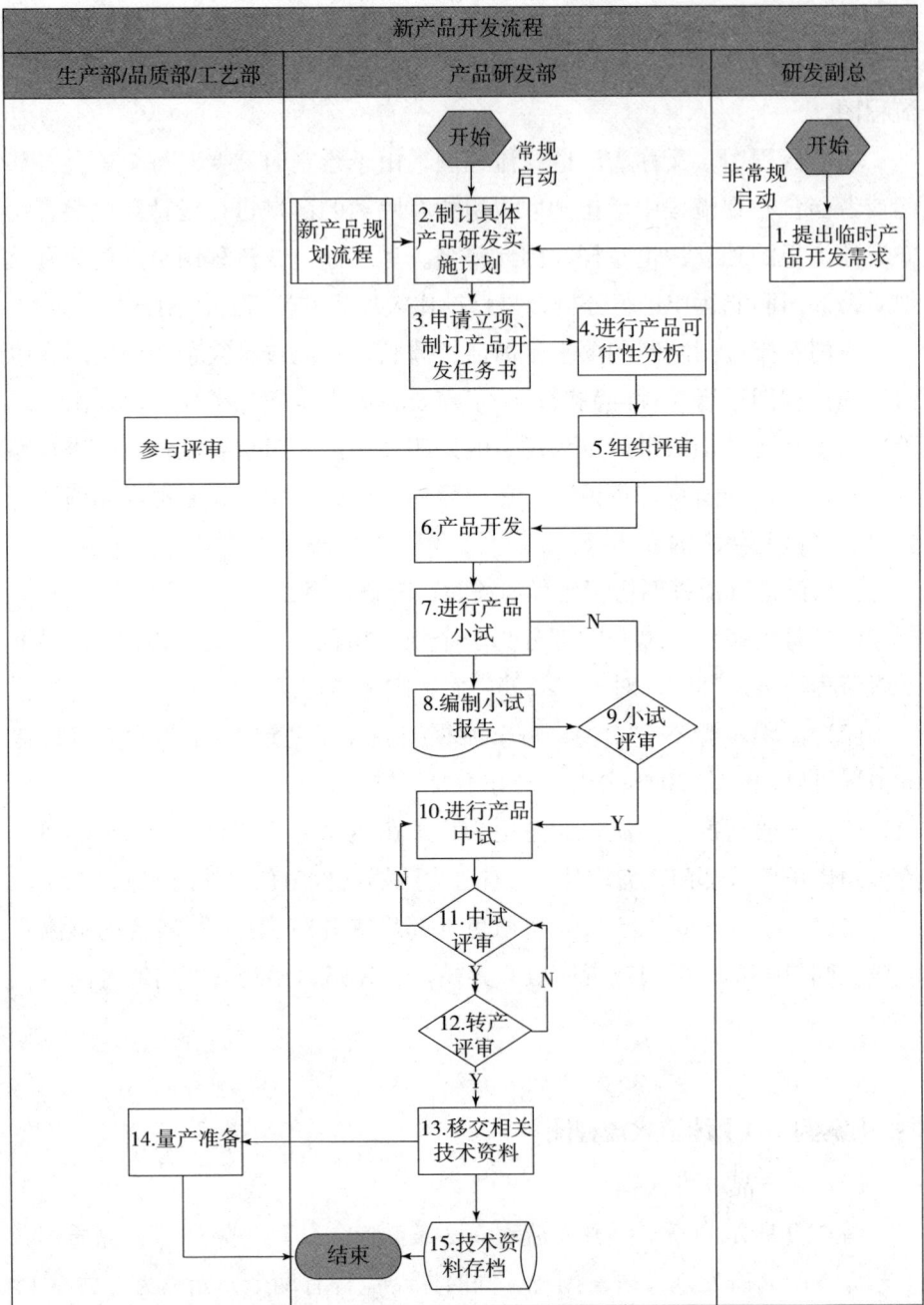

图 4-2　新产品开发流程

（2）新品上市管理流程。

如图4-3,该新品上市管理流程仅有1个开始,4条泳道(分别为产品研发部、品牌策划部、营销副总、市场部),并有18个核心步骤。

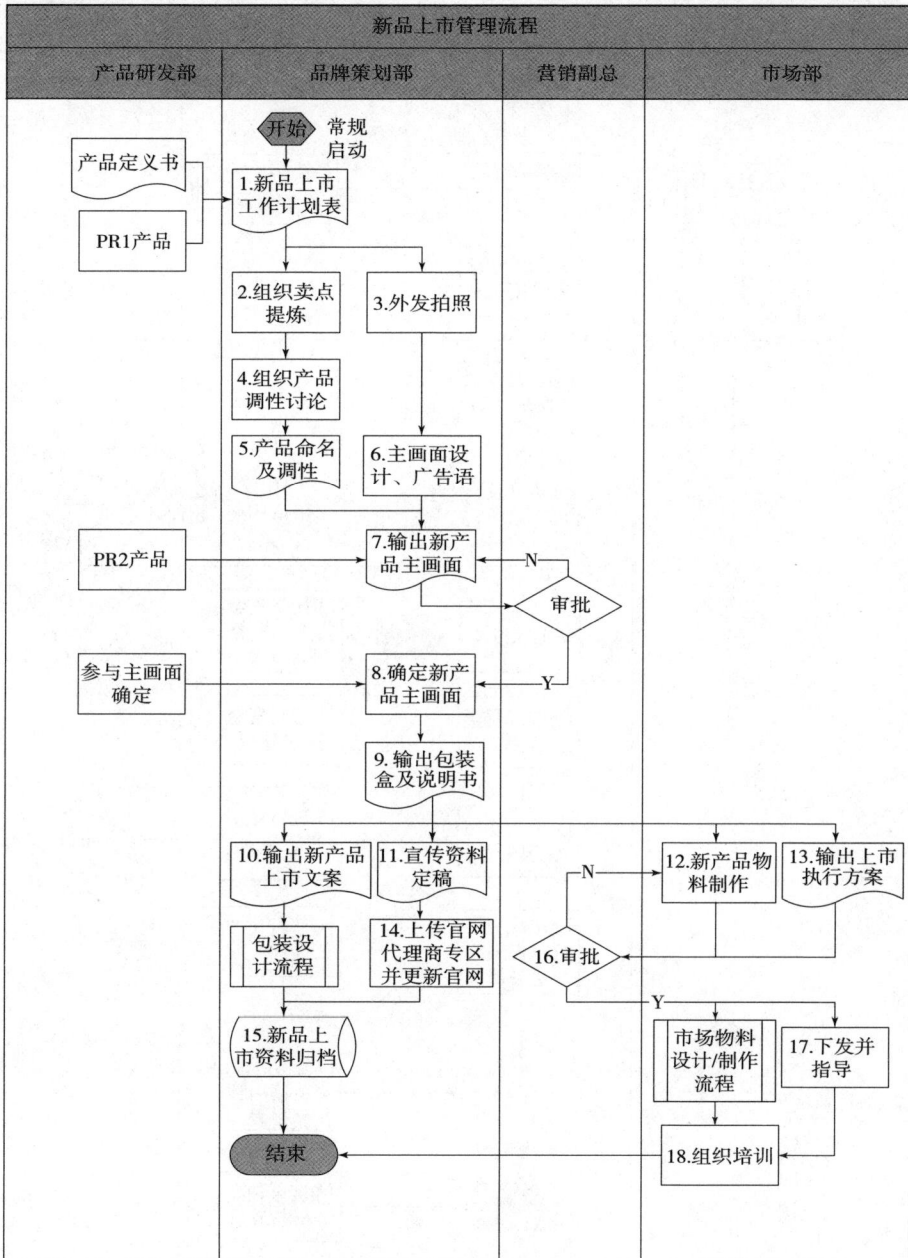

图4-3 新品上市管理流程

（3）资金管理流程（图4-4）。

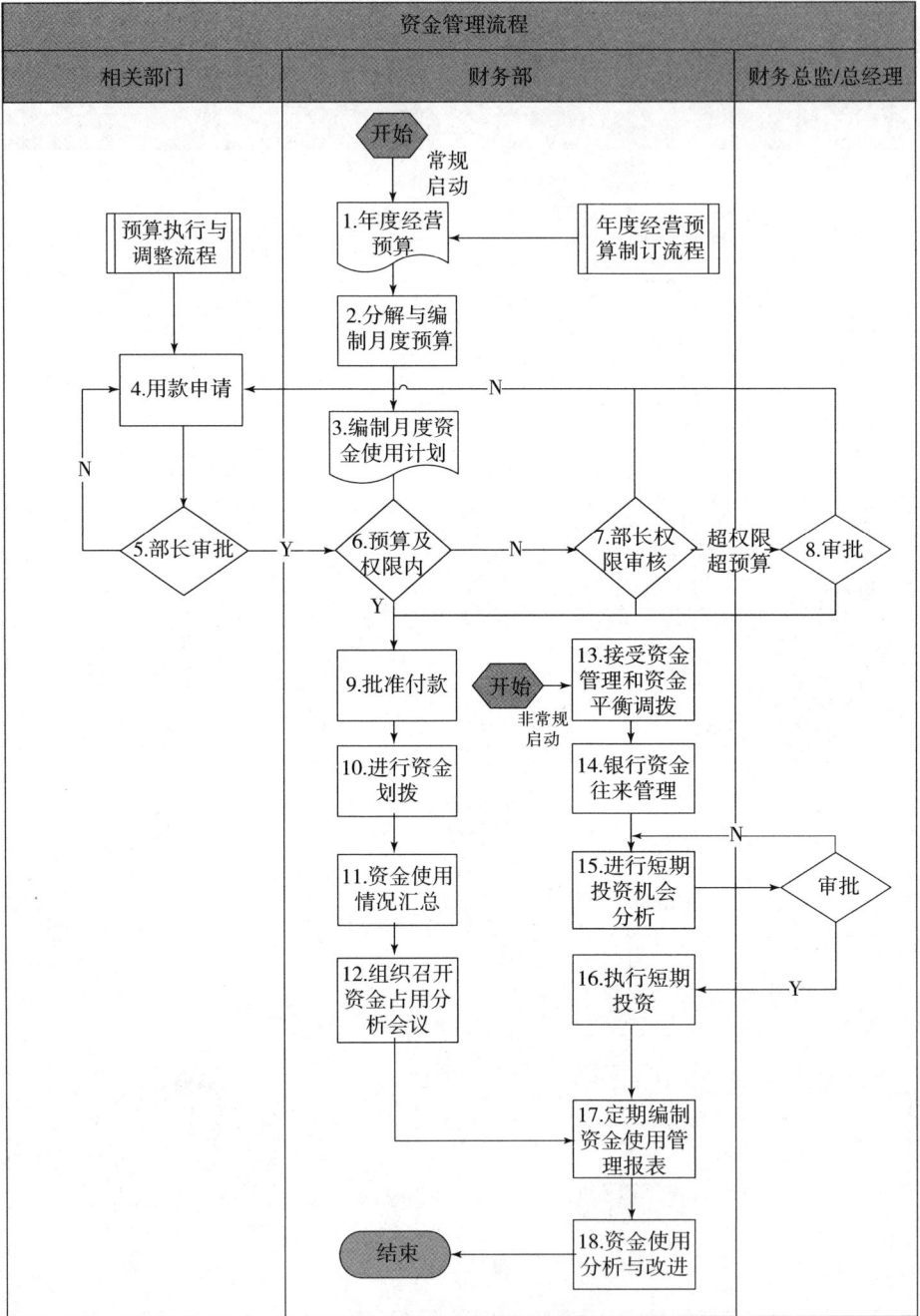

图4-4　资金管理流程

（4）财务分析流程（图 4-5）。

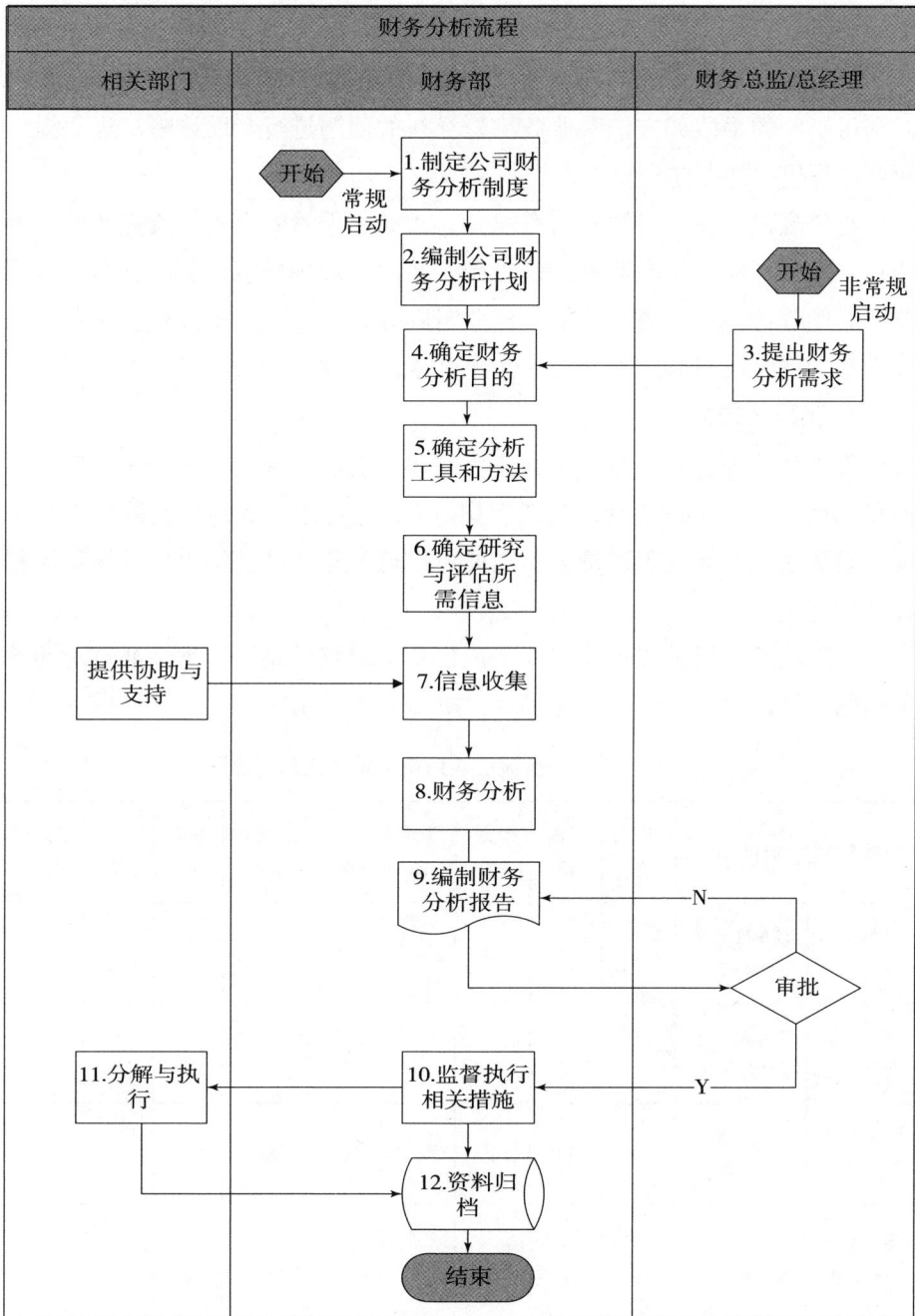

图 4-5　财务分析流程

三、流程问题分析常用的 7 种方法

中医讲究"望、闻、问、切"，业务流程现状分析也不例外。企业可以利用不同的手段和方法对业务流程存在的问题进行全面诊断，进而提出业务流程优化的方向和重点。

业务流程问题分析的方法有很多，比如流程绩效分析、流程作业现场调查、文档查阅、问卷调查、研讨会、测时、现场模拟、实际参与、流程节点时间分析、标杆对比分析、作业时间分析、作业成本分析、作业质量分析等。下面我们将具体为读者进行阐述。

1. 流程绩效分析法

流程绩效分析法是最常用的流程问题分析的一种方法，因为任何一个流程都会涉及多个角色（部门或者岗位），这些不同的角色共同协作的目的就是要达成一定的工作绩效，因此可以通过流程绩效结果分析发现流程存在的问题。

流程绩效分析首先需要识别与流程相关的绩效指标，然后通过对绩效数据的分析，发现流程存在的问题。如表 4-1 所示。

表 4-1　常见业务流程绩效指标及责任部门识别

流程名称	流程指标	销售部	研发部	计划部	采购部	生产部	仓储物流部	品质部	工艺部	客户服务部
订单管理流程	订单准时交付率	√	√	√	√	√	√			
产品品质管理流程	产品品质合格率		√			√	√	√	√	
产品成本控制流程	产品成品控制率		√	√	√	√	√	√		
客户满意度管理流程	客户满意度	√	√	√	√	√	√	√	√	√

2. 流程作业现场调查法

流程作业现场调查是一种最直观的流程问题分析方法，通过观察实际作业活动，记录活动耗费时间、对作业现场环境进行查看、询问相关作业操作人员等手段，对流程运作的基础进行了解。常见的现场调查方法有测时法、现场模拟、实际参与等。

3. 流程文档查阅法

在对流程开展调研的同时，我们应该收集与流程运作有关的制度、表单、文件、方案等文档，这些材料是支撑流程运行的基础。通过分析上述材料所记录的数据、规定、事件，我们可以推断流程实际运作的有效性。同时，文档本身制订得是否合理、是否充分满足了流程环节监控与管理需求、所需数据是否记录全面等问题，也会对流程有影响。

4. 流程问卷调查法

为了增强流程调研过程中相关数据和信息收集的全面性，企业可以适度开展问卷调查。开展问卷调查有助于提高员工对流程改进的参与程度，并能较全面地体现公司各个部门对企业整体流程运作效率的看法。但问卷调查也有一定局限性，主要表现为相关问题较为固化，不利于受访者进行开放性思考，因此需要结合其他方法一同使用。

5. 作业分析法

不同的流程其增值方式是不同的。根据不同的增值方式，我们把作业分析法分为作业时间分析法、作业成本分析法、作业质量分析法等。

【案例 4-2】利用作业分析法进行流程问题分析

大家都知道，企业内部很多流程都与产品成本控制相关，比如新产品研发流程、生产工艺管理流程、采购管理流程、生产制造流程、产品检验流程等，因为这些流程会分别涉及研发成本、工艺成本、原材料成本、生产成本及检验成本。在很多企业，管理者想当然地认为企业的产品成本绝大部分是在生产环节发生的，所以把产品成本控制的核心放在生产成本的控制方面。

这个看似非常合理的做法，其实是一个完全错误的认识，图 4-6 是我们对浙江某企业产品成本问题分析的结果。

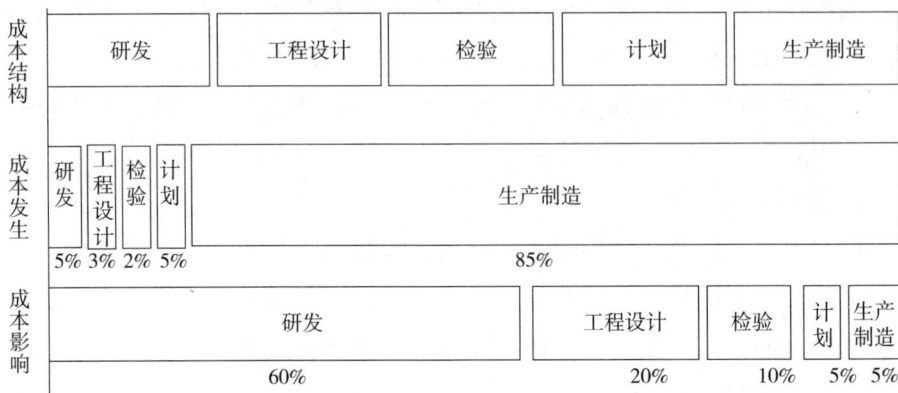

图 4-6　浙江某企业产品成本问题分析

如图 4-6 所示，虽然 85% 的产品成本在生产制造环节发生，但生产环节对产品成本的影响只有 5%；而虽然只有 5% 的成本发生在研发环节，但研发环节对产品成本的影响度却高达 60%；另外，只有 3% 的成本发生在工程设计环节，但工程设计环节对成本的影响则高达 20%。由此可见，企业要想降低产品成本，首先应该从研发下手，其他依次是工程设计、品质检验、计划安排，而不是将重点放在生产制造环节。

同理，我们对该企业的产品品质相关流程也进行了分析，最终得出的结论是：产品品质最终是从生产制造环节表现出来的，但影响产品品质的环节却有很多，诸如研发、工艺、原材料、生产制造、检验过程、仓储物流等，而且对产品品质影响度从高到低排列依次为研发、原材料、工艺、生产制造、检验、仓储物流。由此也可以得出结论，要想提升产品品质，首先应该从研发端开始，因为研发端确定需要的原料，其次是生产制造，然后才是原材料及工程设计、品质检验，最后是仓储物流。仅从制造端进行改进和提升很多时候是徒劳的，如图 4-7 所示。

6. 标杆分析法

标杆法是企业开展流程管理的理论基础之一。选择标杆的作用在于可以根据标杆企业的做法选择衡量企业流程的绩效指标，并根据标杆企业的经营成果确定本企业的目标，同时还可以借鉴标杆企业在解决相应问题时的思路和工作办法，探索新的处理问题的方法。

品质结构	研发	工程设计	物料供应	生产制造	仓储物流	品质检验

品质发生	研发	工程设计	物料供应	生产制造	仓储物流	品质检验

品质影响	研发	工程设计	物料供应	生产制造	仓储物流	品质检验

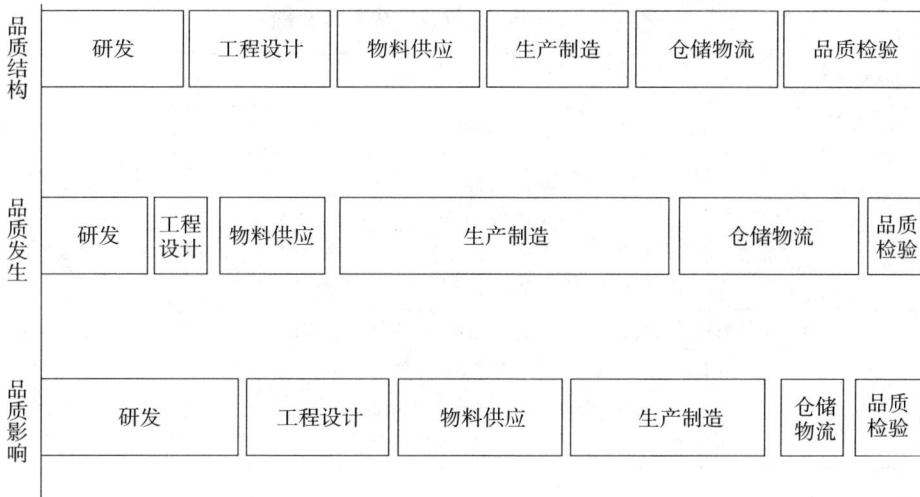

图 4-7 浙江某企业产品品质问题分析

进行标杆管理，主要有选标、对标、超标三个步骤，其具体含义如下：

（1）选标：向业内或业外的最优秀企业学习，确定学习对象。

（2）对标：不断寻找和研究一流公司的最佳实践，并以此为基准与本企业进行比较、判断和分析，从而使自身企业得到不断提高和改进，进入赶超一流企业、创造优秀业绩的管理循环过程。

（3）超标：通过学习，企业重新进行思考和改进经营实践，创造自己的最佳实践，实际上就是模仿创新的过程。

7. 流程成熟度分析法

流程管理成熟度（Business Process Management Maturity，简称BPMM）分析是通过对流程管理活动、流程中的角色认知与履行、流程文化、信息技术对流程管理的支持、流程团队成员的流程管理技能、各级管理者对流程管理的看法及参与程度等多个维度进行评价，从而评估企业流程管理能力。

美国生产力与质量协会（APQC）把企业流程管理成熟度分为5级，分别是经验级、职能级、规范级、绩效级和标杆级，如表4-2所示。

表 4-2　APQC 流程管理成熟度分级

成熟度级别	级别定义
标杆级	改进已经成为全体员工的习惯，最佳的综合改进过程，证实达到了最好的结果
绩效级	分析、确认上下游工作的需求，并对过程进行不断改进，保证结果良好且保持改进趋势
规范级	管理系统基于过程方法的应用，管理体系有相对完整的规划性，但仍处于系统改进的初级阶段，可获得符合目标的数据和所存在的改进趋势方面的信息
职能级	能对管理运作过程遇到的问题做出反应，但处于就事论事阶段，只是基于问题或纠正的反应式系统方法，改进的结果很少以数据或总结形式反映解决的方法和过程
经验级	企业管理没有采用系统方法的证据，没有结果或结果不好，处于非预期结果阶段，充满突发性错误，危机四伏，管理人员"忙"而"盲"

　　知名的咨询机构埃森哲把流程管理成熟度也分为 5 级，分别为非正式的、基础的、形成中的、被管理的、优秀的。处于不同级别的流程具有其明显的特征，如表 4-3 所示。

表 4-3　埃森哲流程管理成熟度分级

成熟度阶段	流程管理特征
优秀的	（1）流程思想普及于整个组织 （2）流程拥有者为客户代言人 （3）有良好的评估与回报
被管理的	（1）流程是主要动机 （2）组织以流程为中心，但职能管理依然存在 （3）流程拥有者为资深领导 （4）利用评估架构
形成中的	（1）流程开始具有影响 （2）流程拥有者有更大权限 （3）公司以混合模式运作 （4）功能与流程都存在评估
基础的	（1）流程已被定义 （2）流程拥有者作为项目主管主导流程相关工作 （3）功能拥有者仍是主要领导 （4）面向任务与功能的评估
非正式的	（1）流程及其拥有者未做明确定义 （2）随机的评估，不与结果相联系

【案例4-3】深圳某企业流程问题分析

深圳某企业是一家专门从事新能源电池研发、生产、销售的上市企业。受该企业委托，我们对其核心业务流程现状进行了全面、系统的分析：

（1）深圳某企业销售订单管理流程问题分析（图4-8、表4-4）。

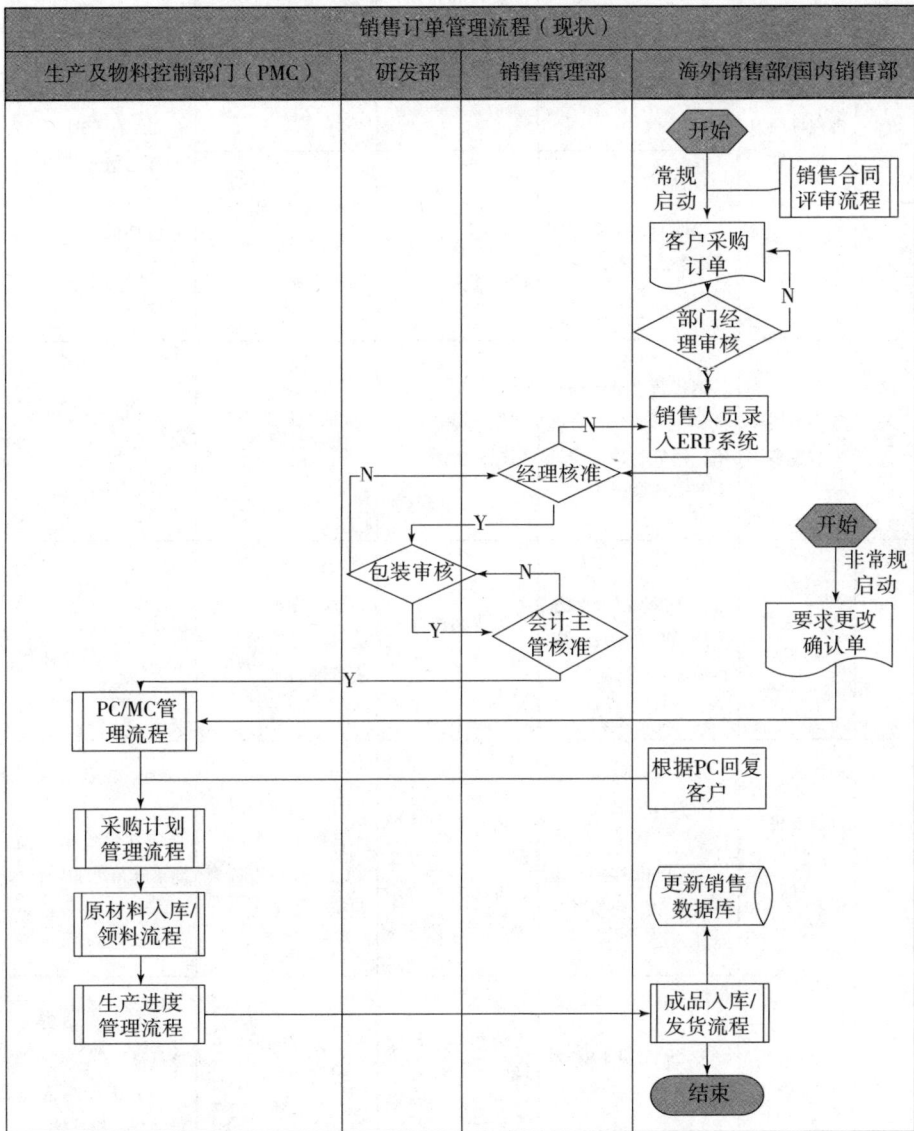

图4-8　深圳某企业销售订单管理流程（现状）

表 4-4　深圳某企业销售订单管理流程问题分析

序号	现状存在的问题	具体表现	问题分析方法	可能导致的后果	优化要点
1	订单管理的客户导向意识欠缺	订单达成率统计以 PMC 回复为准	流程问卷调查法、流程作业现场调查法	公司内部统计的订单达成率很高，但实际不能满足客户真实需求	（1）订单达成率统计必须以销售合同规定为准（2）加强待出货仓库库存管理（3）培养 PMC、业务人员及公司内部各部门的客户导向意识
		PMC 计划人员的销售服务意识不强	流程问卷调查法、流程作业现场调查法	PC 人员的本位主义可能导致订单流失或延误	
2	流程审核环节过多	销售管理部经理审核销售订单录入差错，销售管理部会计主管审核单价	作业分析法、标杆分析法	流程时间过长	将销售管理部两次审核合并为一次完成
3	ERP 系统缺陷	目前的 ERP 系统不能及时真实反映库存情况	流程文档查阅法	导致库存信息不能及时反馈给相关决策部门	（1）ERP 系统二次开发（2）生产部使用 ERP 系统
4	订单变更库存处理不及时	（1）业务员没有及时填写"退仓联络单"（2）PMC 接到"退仓联络单"后没有及时处理	流程作业现场调查法、流程文档查阅法	（1）出货成品仓库库存积压（2）辅料仓库存积压或报废	建立"滞库品预防措施和处理流程"
5	订单录入差错	销售人员 ERP 系统录入存在差错	流程作业现场调查法、流程绩效分析法	（1）导致流程审核时间加长（2）导致返工等	（1）加强销售人员自查（2）统计输入差错并与考核挂钩

（2）深圳某企业生产进度管理流程问题分析（如图4-9、表4-5）。

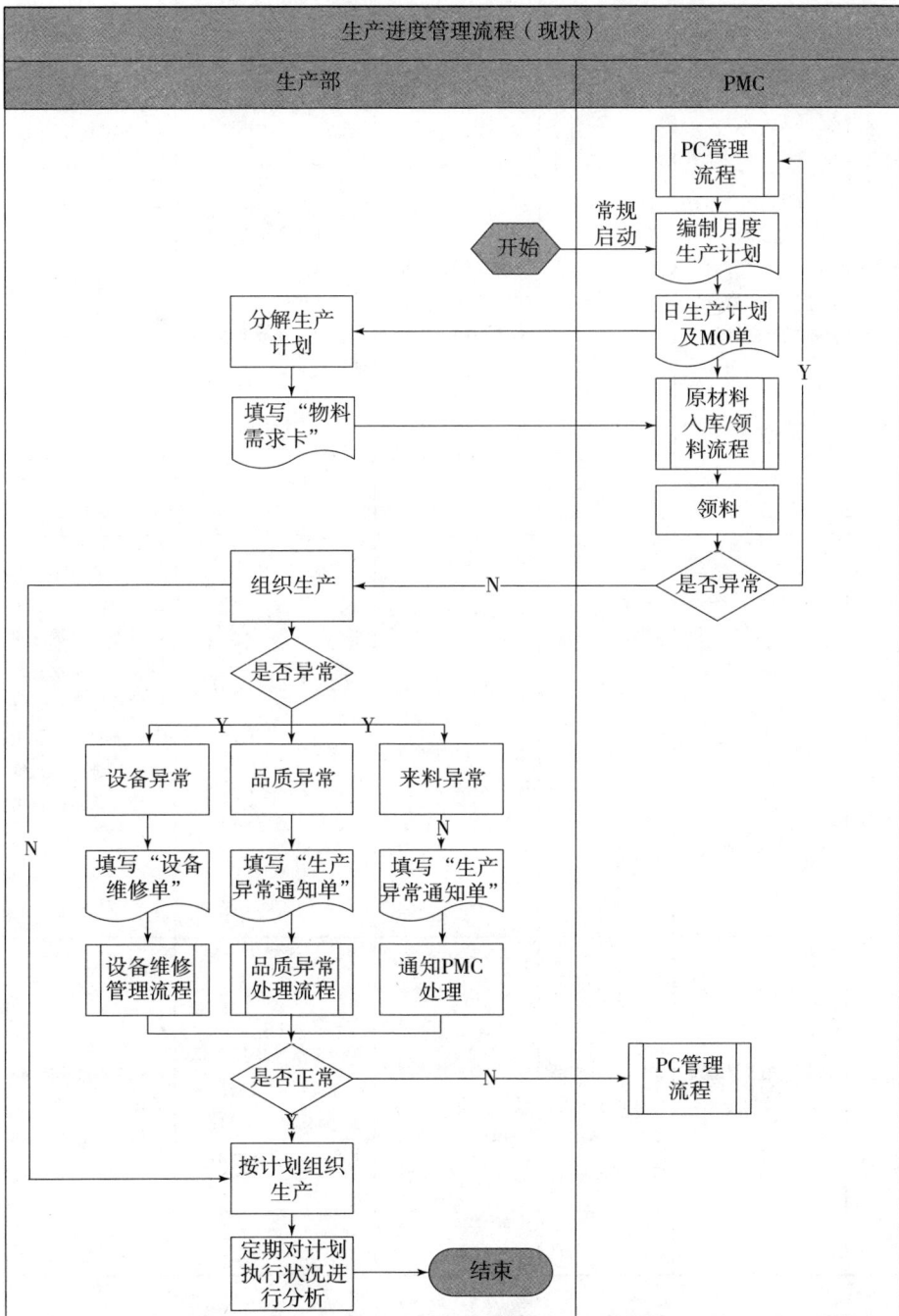

图4-9　深圳某企业生产进度管理流程（现状）

表 4-5　深圳某企业生产进度管理流程问题分析

序号	存在的问题	具体表现	问题分析方法	可能导致的结果	优化思路
1	月度生产计划、日生产计划缺乏生产部门的确认		流程绩效分析法、流程作业现场调查法	（1）可能导致PMC排产与实际不符（2）PMC安排的生产计划不能按期完成或人员过剩	增加生产部门的确认环节
2	生产异常处理效率偏低	待料、待工	流程作业现场调查法、标杆分析法、流程成熟度分析法	（1）计划不能有效达成（2）生产效率低下，生产成本上升	将生产异常（来料异常、质量异常和设备异常）及异常处理效率按照责任部门统一纳入绩效管理体系进行考核
3	生产相关数据定义及统计口径不一致	设备部、PMC、采购部提供统计的相关数据与生产实际差异很大	流程文档查阅法、流程绩效分析法	设备部、PMC和采购部统计的数据存在虚高的成分，同时对生产部门的帮助不大	（1）规范生产相关指标的定义（2）统一统计口径

（3）深圳某企业销售货款管理流程问题分析（图 4-10、表 4-6）。

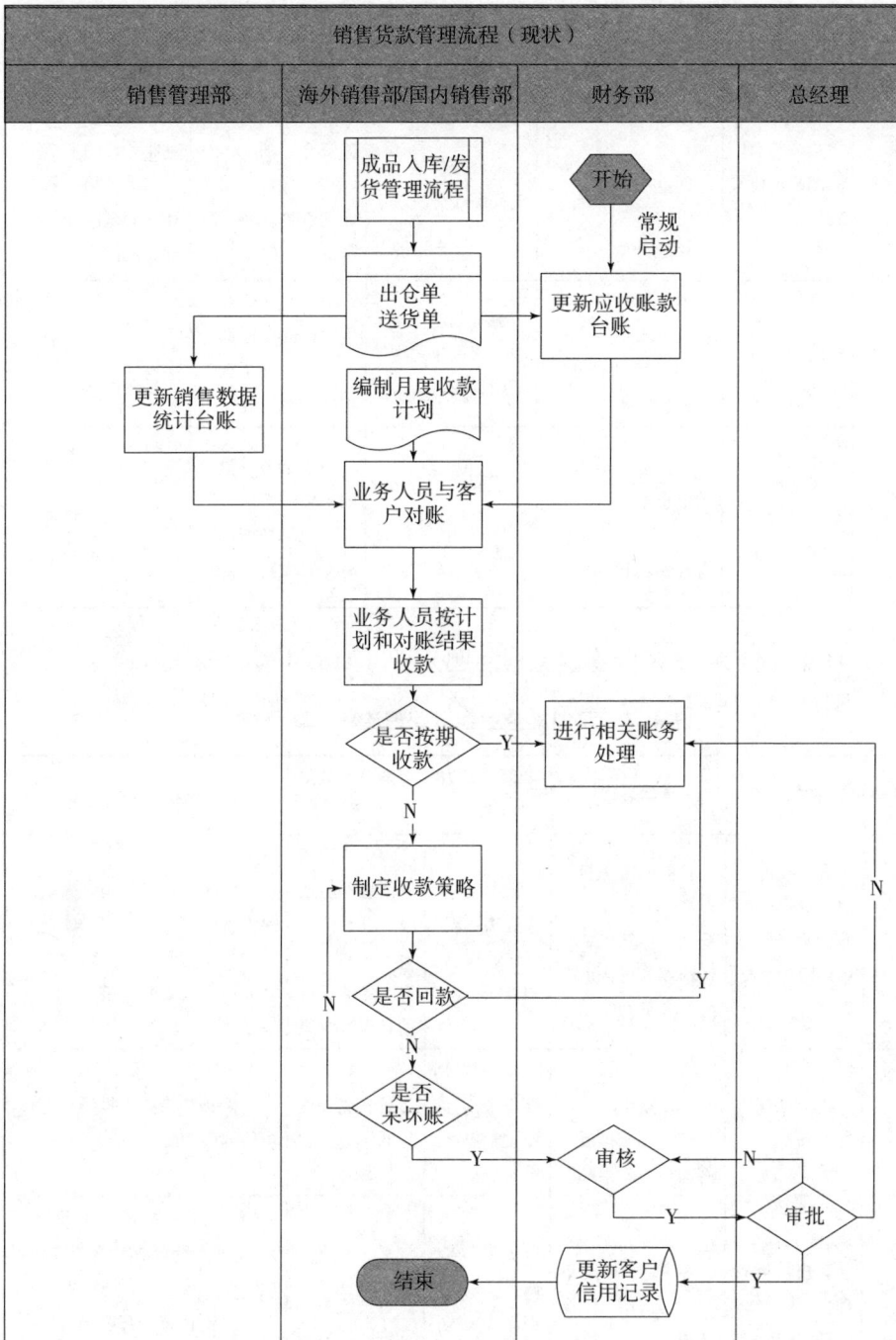

图 4-10　深圳某企业销售货款管理流程（现状）

表4-6　深圳某企业销售货款管理流程问题分析

序号	存在的问题	具体表现	问题分析方法	可能导致的结果	优化思路
1	货款按合同回收比例较低	回款不及时	标杆分析法、流程绩效分析法	（1）影响财务的资金计划（2）导致公司流动资金周转次数降低	（1）回款纳入对业务员的考核（2）严格回款计划的编制和审批
2	业务员对账的积极性不高	（1）业务员不跟客户对账（2）客户不配合业务员对账	流程问卷调查法、流程作业现场调查法	（1）呆坏账产生时，缺少证据（2）影响货款不能及时回收	每月与客户对账，并向客户索取对账单确认件
3	呆坏账申请（审批）程序不健全	（1）业务员不主动申报呆坏账（2）缺乏呆坏账管理制度和流程	流程文档查阅法、流程绩效分析法	（1）会有少量的呆坏账产生（2）呆坏账没有及时做财务处理	（1）建立呆坏账管理制度（2）呆坏账考核与业务员的收入挂钩

（4）深圳某企业客诉管理流程问题分析（如图4-7、表4-11）。

表4-7　深圳某企业客诉管理流程问题分析

序号	存在的问题	具体表现	问题分析方法	可能导致的结果	优化思路
1	客户投诉信息收集不全面，尤其是对销售服务、交期等	目前的客户投诉基本上是客户首先发传真或邮件给业务员，再由业务员判定	流程问卷调查法、流程作业现场调查法	（1）客户投诉信息不能及时、准确传递（2）对于销售服务的投诉信息很难收集	（1）客户信息收集统一归销售管理部（2）销售管理部需要规划客诉信息收集的渠道
2	投诉处理质量不高	（1）同一投诉问题重复出现（2）预防措施落实率需要提高	流程文档查阅法、流程绩效分析法	客户满意度降低	明确预防措施由投诉处理责任部门跟踪
3	客户投诉管理工作比较被动	客户产生投诉时，公司才会处理	流程问卷调查法、流程作业现场调查法	客户流失	（1）业务人员及时与客户沟通，发现客户不满意的项目（2）销售管理部客服专员进行客户回访（3）建立客户沟通热线

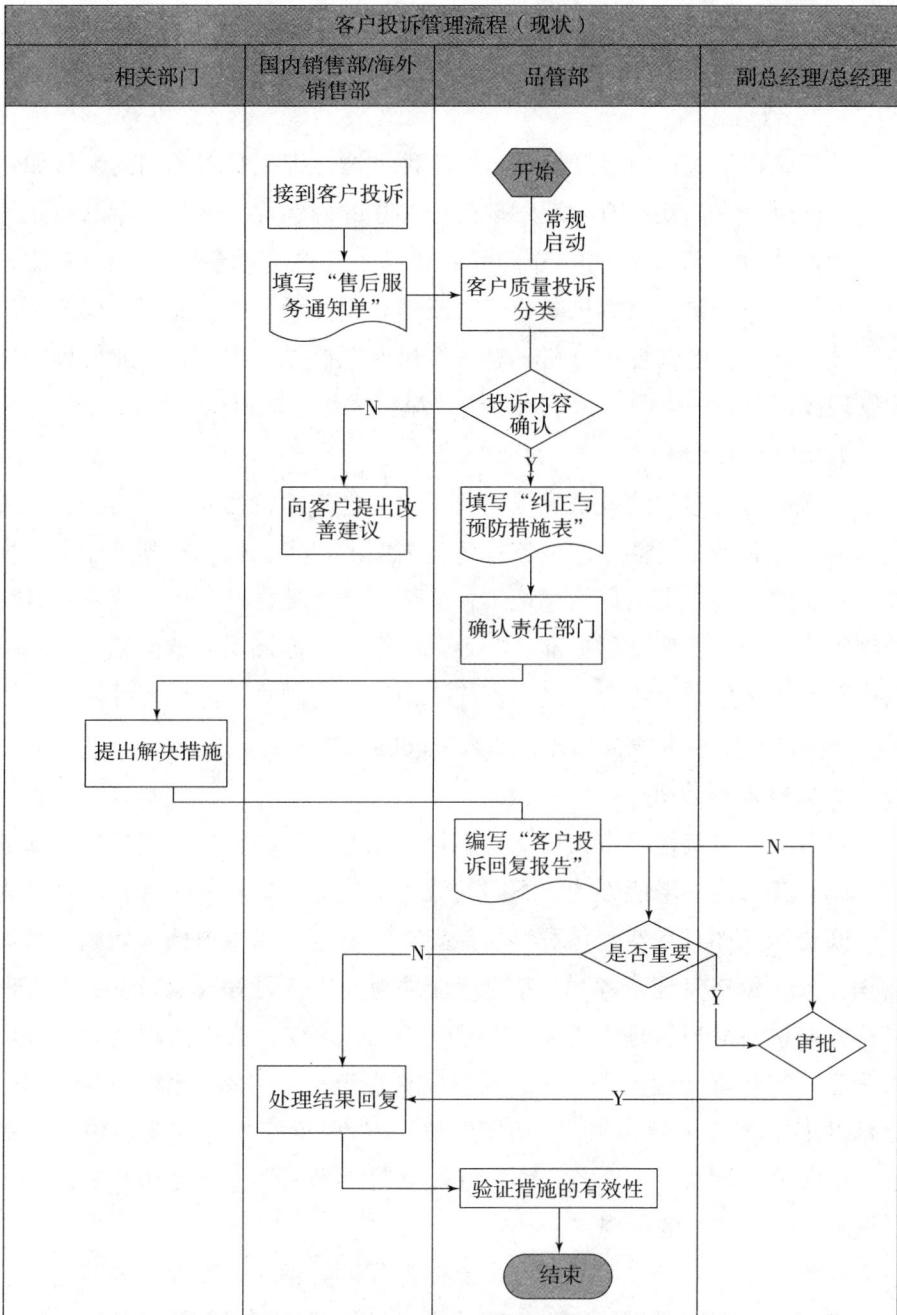

图 4-11　深圳某企业客诉管理流程（现状）

四、流程问题分析的 7 大最佳实践

前面提到了流程问题分析常用的 7 种方法，那么针对不同的流程如何才能准确运用方法快速有效地发现流程存在的问题呢？通过多年的实践总结，我们认为，流程问题的分析可以从以下几个方面着手：流程责任分析、流程效率分析、流程风险分析、流程知识传承分析、流程授权分析、流程绩效分析、经营促进分析。总之，只要把握以上内容，企业便可轻松地发现流程存在的问题，为下一步进行流程优化提供依据。

1. 流程责任分析

最常见的流程问题就是流程相关责任人之间的责任界定不清。虽然流程描述时企业会尽可能地厘清流程角色之间的职责，但在实际工作中，往往会在流程交接点上出现模糊地带，甚至"真空"之处，如对流程交付物的理解不一致、工作交付标准不一致、时间节点把握不一致、流程意识不同步等，最终导致流程角色之间责任不清，协同困难。因此流程问题分析的第一步就是要理顺流程相关责任人之间的工作职责。

2. 流程效率分析

根据前文对流程的定义可知，不管是业务流程、管理流程还是辅助流程，都有其特定的增值方式。不同的流程其增值方式不同，有些流程是为了时间更短（如订单交付流程），有些流程是为了成本更低（如成本管理流程、采购价格管理流程），有些流程是为了质量更好（如研发品质管理流程、原材料品质管理流程、成品品质管理流程），有些流程是为了客户更满意（如客诉受理流程、客户满意度管理流程），有些流程是为了风险更低（如销售订单评审流程、供应商开发与评价流程、采购价格管理流程、财务分析流程）。总之，每个流程都期望每循环一次比前次更好，其实这就是流程效率的体现。

因此，流程问题分析的第二步就是要分析流程在效率提升方面是否还存在空间，因为企业进行流程管理的终极目的就是要提升运营效率。特别是在互联网时代，天下已经没有新鲜事，你能做出来的东西，别人很快也能做出来，因此企业唯一能够取胜的关键就是效率。

3. 流程风险分析

企业经营过程中，随时都会面临授权不当、成本上升、质量隐患、安全隐患、环保隐患、客户投诉、决策失误、宏观政策调整、对手不正当竞争、关键岗位员工流失、核心客户流失、核心供应商背叛等一系列潜在的经营风险。一个合理、健全的流程，一定要做到对流程涉及的相关风险进行预警和控制。试想一下，如果未对企业经营流程进行规范，那么企业的任何风险控制都要靠人去实现，而人又存在能力差异、流动性、忠诚度、工作疏忽等诸多方面的限制。因此，企业进行流程问题分析的另外一个关键点在于识别风险点并检讨与这些风险点相关的流程是否存在问题。

4. 流程知识传承分析

戴维·海姆在《重新定义流程管理》一书中提到，组织孤岛和知识鸿沟是创新的两大障碍[①]。组织孤岛的形成源于传统职能式组织模式。职能式组织模式更多地强调组织内部的分工，如前文提到的，传统组织分工强调"横向到边、纵向到底"，而忽略了部门之间、岗位之间的协同问题，最终形成厚厚的"部门墙"。知识鸿沟是由于部门之间、上下级之间的信息流被阻断而形成的。戴维·海姆用"打电话游戏"（即由一个人将口信悄悄地传给另外一个人，一直传到本队的最后一个人并让他说出最终听到的内容）告诉我们，在企业中，类似的现象大量存在，由于信息传递过程中的失真，最终往往使重要细节无法到达真正需要它的人手中。

存在组织孤岛的企业往往是低效的。同样，缺乏知识传承的企业是很可怕的，因为企业管理成熟度以及经营能力的提升一定要靠不断积累和传承企业在过往经营过程中沉淀的知识。但在很多企业，知识只存放在员工的个人电脑、甚至是员工的大脑中，而且是零散的。没有经过流程链接的知识体系无法为企业提升经营和管理能力带来任何帮助，所以企业在进行流程问题分析的时候，也可以从这个维度着手。

5. 流程授权分析

在绝大多数中国企业中都存在这样一个现象：企业高层非常想放权给总监甚至经理，但下属总是不敢，甚至不愿意接受。为什么呢？因为在大

---

① 〔美〕戴维·海姆. 重新定义流程管理：打造客户至上的创新流程［M］. 楚建伟. 译. 北京：中国人民大学出版社，2017. 第 7 页。

多数企业中，老板有着"神"一般的权威，老板"一支笔"在很多企业都是非常常见的现象。在这种情况下，如果缺乏流程体系的合理分工和对权限的明确划分，事实上，老板的所谓授权也就只能是空谈了。

另外，缺乏有效授权的企业其运营效率会大打折扣，同时也会存在潜在的决策风险。因此，在对流程问题进行分析的时候，也有必要同步对流程权限设置是否有效进行分析。

6. 流程绩效分析

流程绩效分析是最有效、最直接的流程问题分析手段，企业可以通过对流程对应绩效表现分析，发现流程中存在的问题。

很多企业在推行绩效管理的时候，最头疼的一件事就是绩效数据很难收集，最终导致绩效管理只能停留在纸面上。其实企业做绩效管理的另外一个目的就是要通过流程客观记录每个环节的相关数据流和信息流。

7. 经营促进分析

在企业中，流程的增值可能体现在效率提升、成本降低、销售增加、利润增长、质量提高，也可能体现在客户满意、员工满意，总之，这与每个流程的目的（绩效目标）有关。虽然流程个体增值方式存在差异，但企业总体流程目的只有一个——提升经营业绩。

综上所述，企业还可以按照以下思路进行流程问题分析：

（1）流程的问题区域在哪里？

（2）该流程的关键活动有哪些？存在什么问题？

（3）在本流程中各部门的角色定位和职责履行是否到位，是否存在错位的现象？

（4）问题的具体表现是什么？

（5）如果问题得不到改善，可能会导致的结果是什么？

（6）流程应该从哪些维度进行优化？

第五章
流程优化与再造

流程优化的 9 种方法

流程再造的 4 种方法

流程优化与再造的 6 项衡量标准

一、流程优化的 9 种方法

流程优化的方法有很多，如优化流程顺序、剔除非增值环节、压缩无效消耗、流程中心型组织建设、使决策尽可能在靠近需进行决策的地方做出、减少工作交接频率、放权或分权、信息化、压缩用时最长的关键环节、资源重新配置、设置流程监督机制，等等。以下为大家具体介绍流程优化的 9 种常用方法。

1. 优化流程顺序

优化流程顺序就是指根据相关流程侧重点控制方式的不同，对流程运作过程和顺序进行调整，使各环节的负荷与处理时间尽量均衡。任何流程的运作都需要资源的支持，而资源的支持是有限的。在这种情况下，通过均衡处理可以使流程的运作更加顺畅，同时避免运作环节中相应短板的出现，以实现效率最优化。

均衡处理的方式主要有两种："变串为并"和调整作业顺序。

（1）变串为并。对于许多串行工作，我们可以考虑对其进行并行处理，以提高流程运行效率，减少流程节点活动的干扰。一般而言，在企业内部存在两种形式的并行：一种是各独立单位从事相同的工作，这时我们要将它们视为一体，统筹处理，分散执行。比如，许多企业内部存在着业务单元分散采购的问题，在这种情况下，如果能将有限的采购需求进行集中处理，不但可以降低采购成本，同时还能够缩短相应的采购周期。还有一种情况是各独立单位从事不同的工作，而这些工作最终必须组合在一起。

（2）改变作业顺序。通过观察流程运行的各个环节，对不合时宜的作业活动进行作业顺序上的调整，以求获得流程上的改善和突破。比如，一项产品移送到一栋楼里，然后再返回到原来的楼里，或文件在同一栋楼的不同部门之间送来送去。在这个阶段，我们需要检查作业顺序以判断是否能够减少产品和文件的"长途旅行"时间。

2. 剔除非增值环节

剔除非增值环节就是减少相关活动的数量，提高活动的质量。在我们清除多余的活动后，对于剩下的活动应进行简化。

寻找过于复杂的活动可以从以下三个方面着手：

（1）简化表格。在企业中常常可以发现许多表格填写不正确，我们应对其背后的原因进行分析，而不是简单地责备填错表的人员。通过重新设计表格，可以获得明显的改善，日常工作中不再需要寻找相关填表人、要他们就某些模糊事项提供解释或说明。

（2）简化语言。对客户和组织内部成员的沟通应清晰易懂。语言要想简单明了，尤其要注意以下两点：

①少用术语、行话和缩写。除非对工作任务至关重要，否则不要使用新的术语和行话，使用时确保先清楚地定义这些词语。

②尽量少使用首字母组合词。除非它是多次重复使用，并被广泛理解和认同的。请记住，永远不要使用文件中没有定义的缩写词。

（3）简化程序。许多程序往往过于复杂，难以理解。在某些情况下，可以很明显地判断出员工无法做到总是按照正常的程序进行作业活动。曾经有一位负责安全管理的国企部门负责人这样讲过："我们内部的安全管理制度一共有六十多个，详细规定了开展安全管理的各种方式、管理措施和处理方法，但在实际运作时，员工并不清楚到底应该怎么去操作和执行，往往是出现事件后，才去翻阅相关的制度，制度没有起到应有的作用。"

对程序进行简化，我们应针对实际业务运作进行改进。比如：

是否可通过合并职责以减少程序？

负责业务作业的人是否可以评估产出以确保它是无差错的？

……

【案例 5-1】江苏某企业集成供应链流程优化案例分析

2018 年我们受江苏一家企业的委托，对该企业的集成供应链流程进行了全面优化。该企业专门为一家汽车制造集团加工发动机零部件。

当时的情况是，这家企业从接到订单、组织采购、生产到第一批交货需要将近 60 天的时间，我们的目标是将整个加工周期缩短 20%。

为了达成这一目标，我们首先对该企业从接到订单、采购、生产等整个环节的所有工序进行逐一普查，一共列举了 826 个具体动作，然后把这826 个动作按照流程优化的一些方法进行梳理，找到每个动作的先后顺序和承接关系，同时对非增值的动作进行压缩和合并，在此基础上，对该企业制造系统的组织结构和生产线分布进行了调整和优化。

最终的结果是，我们将原来的 826 个动作缩减到 540 个，将原来制造系统的部门从 12 个减少到 8 个，整个产品的交期从 60 天缩短到 45 天。

在这个案例中，我们主要采用优化流程顺序、剔除非增值环节、流程中心型组织变革等方法对该企业制造系统流程进行了全面优化，结果超出了项目预期目标。

3. 压缩无效消耗

压缩无效消耗是流程优化众多方法中非常重要的一种，就是通过降低过度生产、过度供应；减少等待时间；杜绝无效移动和转移；清除缺陷、故障和返工；减少官僚主义；减少重复工作；减少格式重排等无效工作提升流程效率。那么，怎么判断作业活动是增值的还是非增值的？用迈克尔·波特的话讲，客户愿意付费的就是增值的。我们发现，在一些刚刚引入流程管理概念的企业里会发生许多非增值活动，而这些非增值活动往往是由企业长期的管理方式、工作习惯演变而来的。在职能分割的情况下，每个人只会对自己和所属的组织绩效负责，无人看到大量浪费的存在。

在这里以日本丰田公司为例进行比较说明。丰田认为，在企业内部，随时都有 85% 的人没有开展有效的工作，其中：

5% 的人看不出是在工作；

25% 的人正在进行等待；

30% 的人为增加库存而工作（由于这类活动对公司没有直接的贡献，因此丰田不认为这些活动为工作）；

还有 25% 的人正在按照低效的标准或方法进行工作。

丰田公司的看法可能与我们日常的看法不太一致，但却可以由此看出，丰田公司非常注重业务活动运作细节，它通过对业务活动细节的重新设计来提高生产运营系统的效率。

常见的无效消耗包括：

（1）过度生产、过度供应。任何超出实际需求的生产和供应都是巨大的浪费。它们不但会造成企业资金流的紧张，不利于提高资金的使用效率，同时还会给企业增加额外的负担，为过多的生产和供应提供不必要的成本支出（仓储费用、管理费用、人工成本等）。这种情况不但在制造行业广泛存在，在服务行业也经常可见，比如许多餐厅常常得扔掉准备过多的食物。

（2）等待时间。等待包括物料的等待、文件处理的等待、人员等待等。等待只会造成流程运行效率的下降，并增加各种成本。如果等待的时间长到下一事务已经出现，那么问题可能会变得更加严重。这时，要么是原来等待的事务被打断，要么待处理的文件和物品增加，通行时间延长，文件、物品的处理跟踪将更加困难和复杂，但却没有什么实质性的价值能交给客户。

（3）移动和转移。任何物品的移动都需要花钱。物品和文本的转移要通过人员和设备来完成，不必要的转移将占用从事增值作业的时间。在很多企业常常可以看见一份文件在数个不同的部门之间进行转移，造成大量的时间和人力浪费，企业真正花在价值创造活动上的时间十分有限。这些转移活动并不会给客户带来任何直接或间接的收益，仅仅是在消耗成本和费用。

（4）清除缺陷、故障和返工。业务流程目标应该设定为所有的事都一次做好，避免产生解决遗留问题的人工成本、物料成本、时间耽搁以及机会成本。任何流程一旦牵涉对前期缺陷的处理甚至返工时，流程的复杂程度便呈几何倍数增加。例如，包含退货、换货处理的财务结算、物流、销售流程比不包含退货、换货的流程复杂很多。

（5）官僚主义。官僚主义作风在一些大企业最为常见。常见的官僚主义现象包括：

不必要的审查、监督、协调、审批、审核；

拖沓的节奏；

多余的文档和副本；

礼节性或荣誉性的签字；

文件与操作的脱节；

毫无价值、拖沓冗长的会议；

……

这些现象会麻痹流程执行人的思想，人为降低流程运作的效率，增加流程运行时间，造成大量的审批程序、等待时间和各项烦琐的非增值作业，而这些活动对客户没有任何价值可言。

（6）重复工作。每项工作的执行都应尽量增加价值。如果一项作业活动是重复的，它就不会增加价值而只会增加成本。经常可以看见一个部门在往电脑里输入数据，而由于不能信息共享，另一个部门可能也会进行相同作业。

对这种现象进行改进，应该从跨越部门边界的整个价值链角度进行考虑：当信息在价值链的一个点上输入后，新数据要素出现时可以直接追加在已存在的信息上，这样不仅避免了不必要的数据重复输入，同时也消除了多次输入数据时的误差和不匹配。

（7）重排格式。重排格式指的是数据从一种格式转换成另一种格式，比如将相关图表从一种表现方式转换成为另一种表现方式。这也是一种重复作业，常常发生在信息穿越组织边界的时候。重排格式的产生原因在于不同的企业信息系统存在差异，甚至同一家企业在不同的时期、不同的部门采用的管理信息系统自成一体，互不对接。这种现象并不能创造直接的价值，企业应尽量使格式通用化。

（8）监督、检验和控制。企业内部存在各种监督、检验和控制程序，这些管理手段对减少企业的经营风险确有好处。但如果企业对相关质量保证、生产率状况、财务状况等经营运作系统缺乏清醒的认识，人为地增加一些不必要的控制程序，许多不该管的事情也管了，将会增加企业内部的管理层次和管理内容。随着内部员工对这种管理方式的质疑，许多监督和控制也将会逐渐失去效用。

（9）协调。同监督、控制一样，协调也是一个经典的官僚行为。虽然确保不同部门之间的相互匹配及环节运作是好事，但认清流程作为整体目标却更为重要。

4. 模板化、标准化

模板化和标准化是企业进行流程优化的一种常见方法。华为的任正非先生深谙此道，他指出：规范化管理的要领是工作模板化。什么叫作规范化？就是我们把所有的标准工作做成标准的模板，就按模板来做。一个新员工只要能看懂模板，就会按模板来做。而这个模板是前人摸索几十年才总结和提炼出来的，你不必再去摸索。各流程管理部门、合理化管理部门，要善于引导各类已经优化的、已经被证实行之有效的工作实现模板化。对于一些重复运行的流程，工作一定要模板化。一项工作达到同样绩效，少用工，又少用时间，这才说明管理进步了。我们认为，抓住主要的模板建设，又使相关模板的流程联结起来，才会使信息化管理成为现实。

企业要想实施模板化和规范化管理，具体操作方式有四种：

（1）实施标准化管理。随着业务规模的扩大，通过标准化方式可以将企业流程的运作习惯、管理标准、实施程序进行固化，避免"一人一个样"现象的产生，减少人为因素的干扰。相关的标准化主要以流程文件的形式进行体现，主要包括书面说明、流程图和表单。在这里应该注意：

明确流程中各个部门的职责和权限，包括涉及紧急情况的处理；

标准文件中每一处解释都是唯一的，便于理解；

有明确的最低工作绩效标准；

有规范的操作规程；

……

同时所有员工都应该收到同一个流程版本的副本，然后按流程接受培训。流程文件及其执行应该定期检查和更新。

（2）明确流程管理的侧重点。流程是企业进行有效管理的一种手段，根据企业在不同管理时期的经营需要，我们应明确相关流程的相应管理侧重点，也就是流程的管理目标：

有些流程侧重于成本控制；

有些流程侧重于快速反应；

有些流程侧重于风险控制；

有些流程侧重于知识传承；

有些流程侧重于权力分配；

有些流程侧重于服务或产品附加值提升；

有些流程侧重于服务或产品质量提升；

……

某企业生产订单过多，造成生产系统满负荷运转。在此情况下，一般应考虑加快生产运作效率，缩短生产周期，尽量提前完成订单；但当产品质量可能存在缺陷时，公司领导认为宁可延长生产周期，也要确保产品质量，以利于公司的长远效益，建立良好的口碑。

（3）防止犯错误。再好的流程也需要人去执行。因此，提高流程执行人员的责任心、减少流程运作中的错误，对于确保流程正常运作具有十分重要的意义。下面这些情形就是我们在日常执行流程活动中可能犯的错误：

将名字签在了文件上错误的地方；

以为可以更快地完成工作却忽略了意外事故的发生；

写好了信件却装错了信封；

好不容易打通了电话却拿错了文件；

上了飞机才发现重要物品没有带；

……

执行流程难免会出错误，因此，我们需要不断加强对流程执行人员的培养和教育，尽量避免错误的产生。

（4）工作模板化。工作模板化就是将已经成熟的表单、文件进行模板化管理，这样就可以避免和杜绝因为不同的人对同一件事情的理解不同而造成的重复工作。在一般情况下，企业可以考虑对以下工作进行模板化管理：

需要全体员工或绝大多数员工填写的表单，如请假单、工作计划、工作总结、内部联络单等；

在日常工作中需要频繁填写的表单或使用的文件，如市场调研报告、产品策划书、新品批量生产报告、品质检验报告、财务报表、财务分析报告、产品质量分析报告、销售预测报表、人力资源报表等；

需要在不同部门间收集和提取相关数据和信息的表单和文件，如生产日报、品质日报、销售日报、发货日报等；

……

企业推行模板化管理可以让管理不断沉淀，使管理成熟度逐步提升。

5. 自动化、信息化

信息化与自动化是进行流程优化的重要手段。当前，信息化管理手段在企业内部的重要性日益提升，信息化与自动化已经成为很多企业进行流程优化的首选。

下面是一些常见的适于运用自动化进行处理的作业活动：

（1）脏活、累活、难活。这是日产公司投资生产系统改造的一条原则。日产公司认为通过对于这类作业活动并不总是能够依靠人员来完成。如果实施自动化改造，工作质量将会得到大幅度提高；因为作业机器可以突破人的局限性，它不在乎艰苦的工作条件，也不受艰苦工作条件的影响。

（2）枯燥作业。枯燥的作业活动会使员工产生厌倦的情绪，不利于长期保持良好的精神状态。因此所有单调乏味的工作都可以作为自动化处理的对象，这些工作包括生产车间的作业任务、简单单调的数据录入，或者核对报表的匹配事项，等等。

（3）数据采集。在传统的企业管理中，手工的信息收集和统计活动的成本是相当大的，它分布在每一个业务流程里。如果能用机器代替人进行数据采集，不但可以节省大量的时间，同时还可以提高数据的准确性。比如，超市里面普遍运用的条形码技术就极为方便地实现了每天销售产品状况的统计和分析；另外，企业通过 ERP 系统也可以将分散在每个供应链环节中的数据全部整合在一起进行统计与分析。

（4）数据传送。将数据由一种格式转变为另一种格式，或者从一个人转送到另一个人、由一个系统传输到另一个系统，这些都是自动化的首选对象。虽然有时由于计算机系统标准的不统一可能会造成数据转换过于复杂，但它却可以避免重复录入相同数据，减少因为数据不匹配而带来的麻烦。

（5）数据分析。每个公司都有大量数据，但是却不一定有足够的分析报告。信息分析正是信息系统的优势。通过适当的软件，我们可以随时按设定做出分析报告。

虽然信息化和自动化在进行流程处理时有巨大的优势，但它也有局限性——仅仅能够用于可以控制住的流程。在对企业内部流程进行自动化的时候，遵循 80/20 原则是一个基本的准则。也就是说，企业不要期望自动化系统能够将流程中的所有情况都处理好，而应将目标设定在 80% 的功能实现上，这样仅仅需要 20% 的成本和时间。

考虑到所有例外情况的 100% 自动化解决方案的开发不但需要很长的时间，而且往往可靠性也不理想，维护成本很高。未来如果企业需要对流程进行调整和优化，也往往因为巨大的信息化系统投资而却步。因此将信息化系统与人员相互结合使用，实现优势互补，是企业进行信息化建设与管理最为有效的手段。

【相关知识链接】 中国制造 2025 对企业流程自动化与信息化的要求

到 2020 年，基本实现工业化，制造业大国地位进一步巩固，制造业信息化水平大幅提升。掌握一批重点领域关键核心技术，优势领域竞争力进一步增强，产品质量有较大提高。制造业数字化、网络化、智能化取得明显进展。

到 2025 年，制造业整体素质大幅提升，创新能力显著增强，全员劳动生产率明显提高，两化（工业化和信息化）融合迈上新台阶。

紧密围绕重点制造领域关键环节，开展新一代信息技术与制造装备融合的集成创新和工程应用。支持"政产学研用"联合攻关，开发智能产品和自主可控的智能装置并实现产业化。依托优势企业，紧扣关键工序智能化、关键岗位机器人替代、生产过程智能优化控制、供应链优化，建设重点领域智能工厂 / 数字化车间。在基础条件好、需求迫切的重点地区、行业和企业中，分类实施流程制造、离散制造、智能装备和产品、新业态新模式、智能化管理、智能化服务等试点示范及应用推广。建立智能制造标准体系和信息安全保障系统，搭建智能制造网络系统平台。

到 2020 年，制造业重点领域智能化水平显著提升，试点示范项目运营成本降低 30%，产品生产周期缩短 30%，不良品率降低 30%。到 2025 年，制造业重点领域全面实现智能化，试点示范项目运营成本降低 50%，产品生产周期缩短 50%，不良品率降低 50%。

6. 资源重新配置

对任何一家公司而言，企业所拥有和可支配的资源一定是有限的，如何集中优势资源去做对企业最有价值的流程环节，是每家企业都必须思考和解决的问题。

根据多年的实践经验，我们认为企业在进行流程优化的时候必须考虑每个流程实施的资源评估。对于有些资源不足的流程，可采取两种模式来解决，其一调配其他资源，其二考虑进行流程外包。

7. 端到端打通

端到端打通就是要通过从客户到供应商的整合，使企业流程更加顺畅、连贯，以满足客户的需要。常见的端到端打通方式如下：

（1）整合工作。通过合并相似或连续的工作，可以大大加快组织内部的物流和信息流速度，更有利于完成工作。每当一项工作由一个人交接给另一个人，都有一次发生错误的机会，因此需要设定一定的辅助设施或机制。

（2）整合团队。团队作业可以完成单个个体无法完成的复杂作业。虽然团队在运作时，可能仍需要保留一定的向职能部门报告的关系，但它是一个结合在一起的流程日常运作组织。相关联的团队成员空间距离的拉近意味着许多问题将不再出现，一旦出现问题也能得到及时、快速的解决。

（3）整合客户。整合客户主要是指将企业提供产品或服务的过程与相关客户的业务流程有机结合在一起，使客户和企业紧密联系，竞争对手更加难以介入。目前这种方式已经被国内的许多企业采用，比如汽车企业在研发新款汽车的时候，往往会邀请许多潜在客户以及老客户对研发的产品提出各种意见和建议，作为进行产品研发的重要指导思想；再比如，手机企业通过建立外部客户对新手机的试用机制，了解一线顾客的需求。通过这种"企业—客户"双方互动的关系，将使得产品更具针对性，能更好地满足顾客的需求。

（4）整合供应商。通过消除企业与供应商之间不必要的官僚手续，可以极大地提高效率。与客户的整合一样，这里也需要建立信任与伙伴关系。当然必要的检验也是需要保留的。现在制造业中的准时生产方式对供应商和制造商提出了更高的要求，要求他们在多方面进行合作，共同工作，整合订单流、票据流、数据流、物流等。

关于供应商的整合目前在很多行业都有非常成熟的应用，比如说整车企业在研发一款新车的时候，往往会将各个零部件委外研发，并按照整车研发进度要求供应商完成零部件定义、开发、测试、验证工作。

8. 授权

流程管理的最终目标在于提高企业运营效率和经营绩效，而授权可以在一定程度上帮助企业实现这一目标。因为企业通过合理的授权，一方面可以调动员工的积极性——在很多公司，每个岗位的责、权、利其实是不对等的，这造成很多员工承担了责任，但没有权力保证，也没有利益保障，最终导致工作无法开展；另一方面，企业可通过授权体系促使员工能力的提升，缺乏授权体系的企业，员工工作基本上是"等、靠、要"，有了授权保障，员工可以变被动为主动；此外，企业还可以通过授权体系压缩审批环节，提升流程效率。

9. 流程中心型组织建设

企业在进行流程优化时要同步进行流程中心型组织的设计和变革。流程中心型组织变革有 3 个层面：

（1）员工流程管理思想和意识的培养。员工能否接受并践行流程管理的思想和方法，是企业进行流程优化成败的关键所在。企业要通过流程优化让员工充分理解流程管理的好处，让员工从被动接受到主动要求流程管理变革。

（2）传统职能式组织体系的调整。流程管理对于传统职能式管理的挑战在于要打破"部门墙"，用海尔的经验来讲就是要"拆墙"，拆掉部门之间、岗位之间的壁垒。

（3）流程价值的体现。要想让员工能够体会到流程管理带来的好处，首要的就是让企业的流程价值最大化。

【案例5-2】深圳某企业流程优化结果

接【案例 4-3】，以下是我们对深圳某企业相关流程优化的结果。

（1）深圳某企业销售订单管理流程优化结果（图 5-1）。

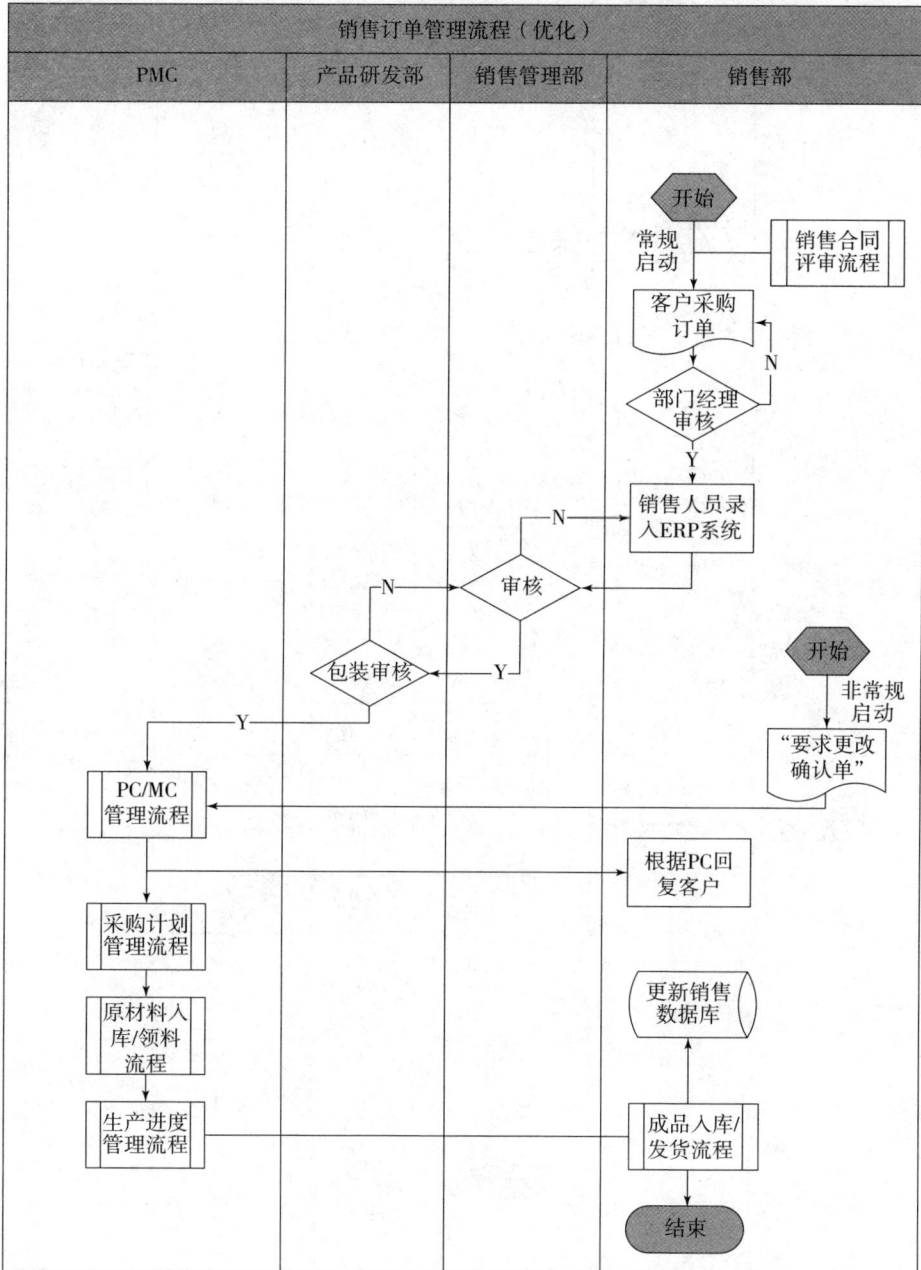

图 5-1 深圳某企业销售订单管理流程（优化）

（2）深圳某企业生产进度管理流程优化结果（图5-2）。

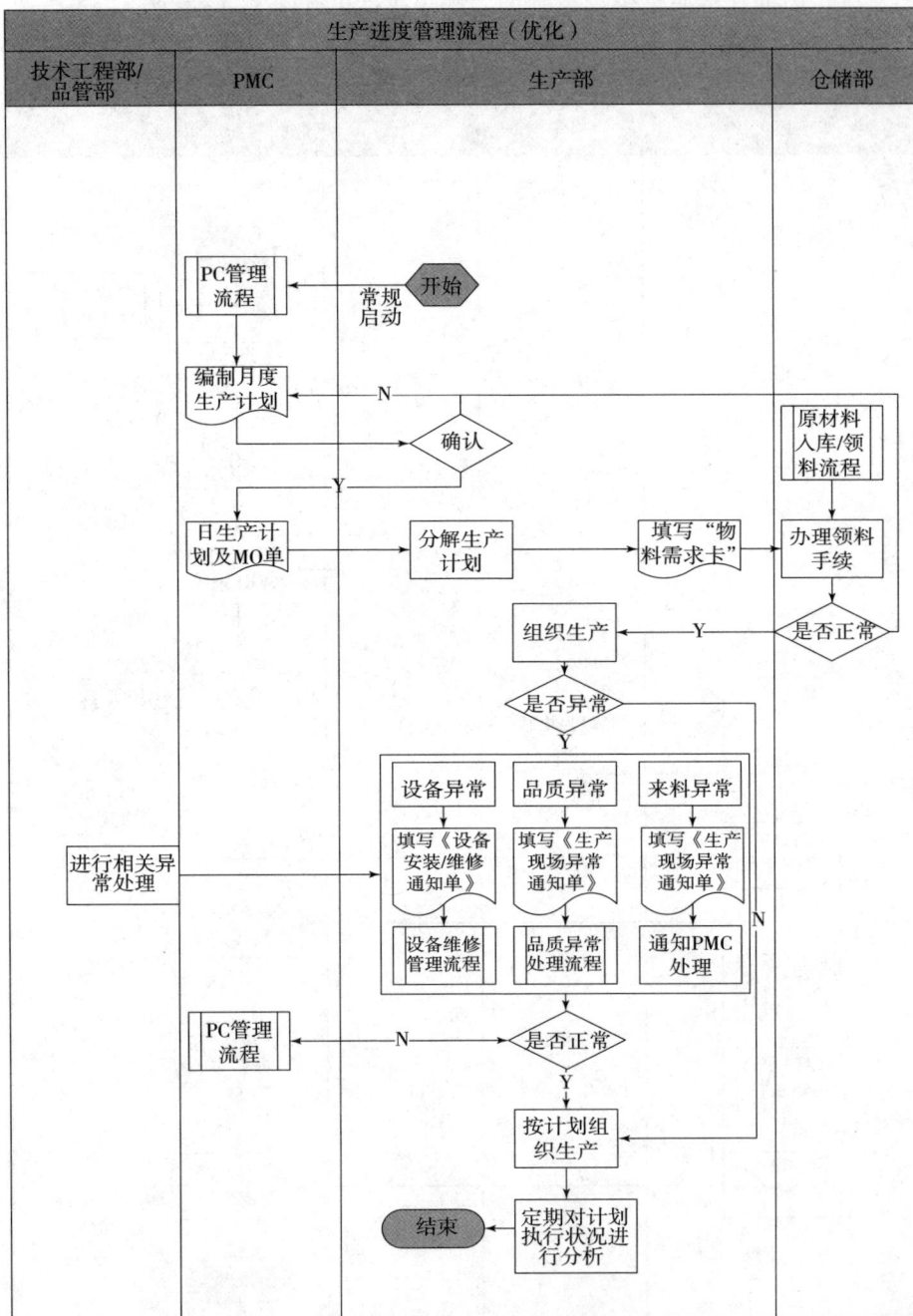

图5-2　深圳某企业生产进度管理流程（优化）

（3）深圳某企业销售货款管理流程优化结果（图5-3）。

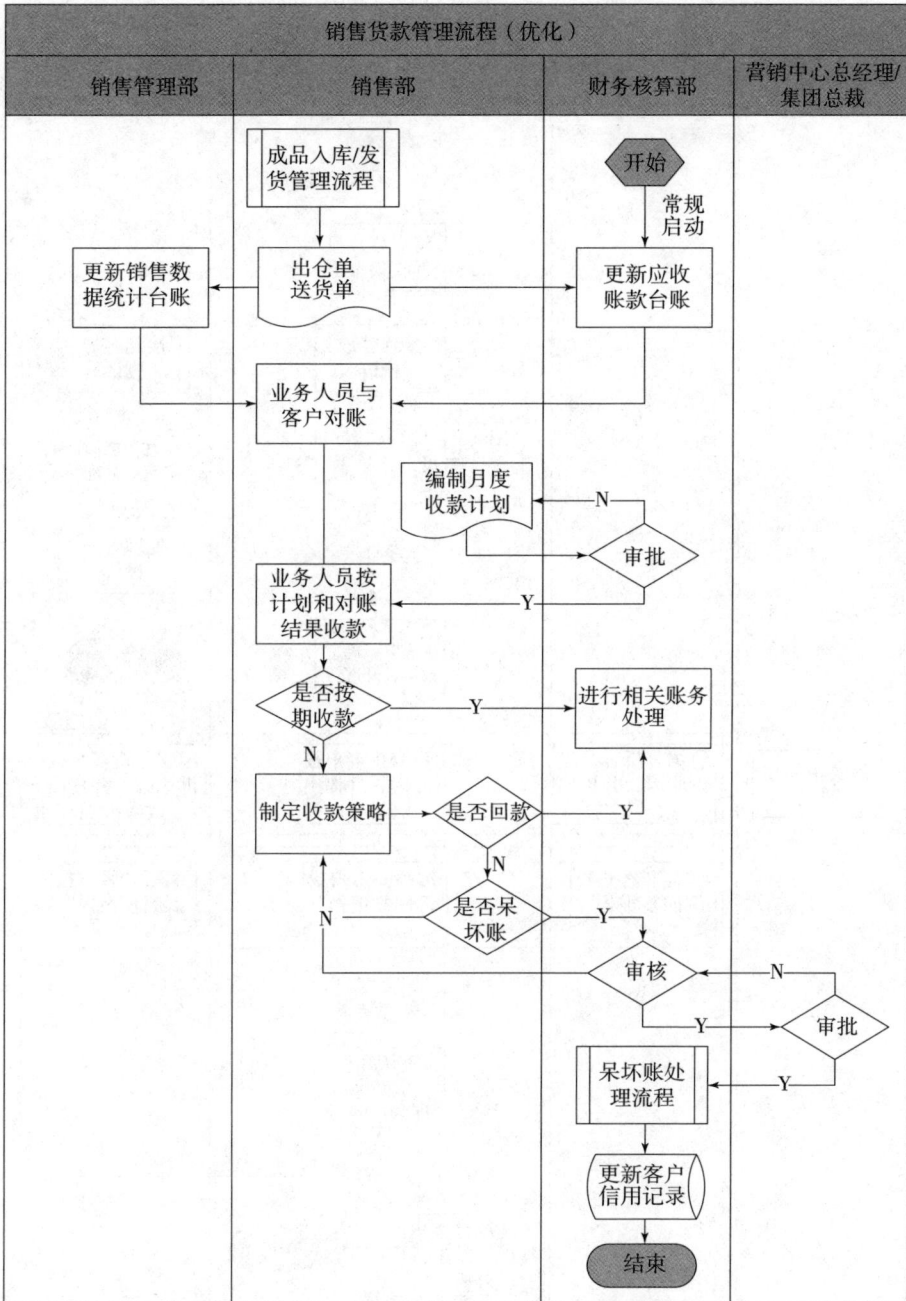

图 5-3 深圳某企业销售货款管理流程（优化）

（4）深圳某企业客户投诉管理流程优化结果（图 5-4）。

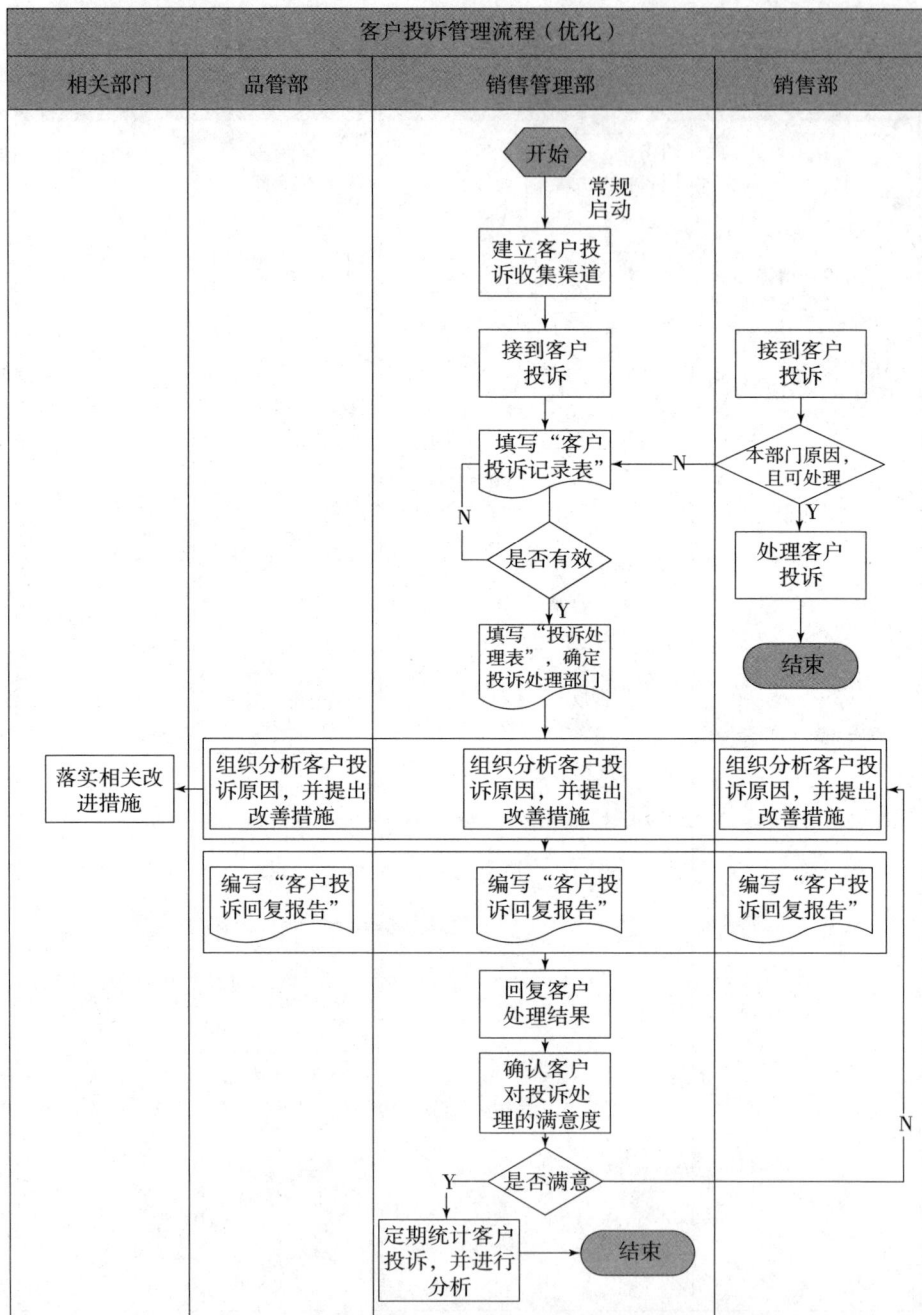

图 5-4　深圳某企业客户投诉管理流程（优化）

二、流程再造的 4 种方法

虽然与流程优化目的不同，但业务流程再造也有很多方法，常见的方法包括价值链重构、战略调整、业务流程外包和组织再造 4 种。

1. 价值链重构

流程再造需要完全打破原来价值链体系的束缚，重新定义企业的价值链模型和商业模式，进而使企业获得重生。企业一旦发现现有的价值链已经失去了竞争优势，或者目前企业盈利能力大幅下降，就必须思考对价值链进行创新与重构。

其实，价值链重构并不是新鲜事物，很多企业早已把波特价值链模型当中的支持活动，诸如采购、技术开发甚至人力资源当成基本活动来经营。

随着全球一体化进程不断深入，现代企业正面临两个巨大的挑战：一是原先以研发、供应、生产、销售为一体的企业价值链正面临着分化的威胁；二是越来越多以单一价值链为核心的企业如雨后春笋般纷纷崛起。

在进行价值链重组时，我们首先应该明确企业的发展战略，然后选择关键环节进行重组。那么企业如何进行价值链重组呢？

企业价值链重组有两种常见的方法，即价值链整合、价值链分解。

（1）价值链整合。不管是位于价值链上游的制造厂家，还是居于价值链下游的销售商，其市场竞争力都取决于三种能力，即创造市场的能力、发现市场的能力和控制成本的能力。控制成本的能力在一种竞争互动的市场背景下，不仅表现为整合企业内部资源的能力，更表现为整合市场资源的能力。

多数时候，生产成本只是总成本的一部分。重点是，在重视降低生产成本的同时，还需要跳出本企业的范畴，认真审视整个价值链。通常在上游价值链即原料供应环节和下游价值链即销售环节存在成本降低的重要途径。

同理，创造市场的能力和发现市场的能力在很多时候也要求企业跳出自身的圈子，向前或向后去拓展，这就是在后文"战略调整"中我们会讲到的企业一体化战略。

所以说价值链重组的第一个办法就是尽可能在自己现有价值链的基础上进行前向一体化、后向一体化价值链整合。

（2）价值链分解。资源优势明显、市场控制力强的企业通过向上下游延伸价值链，可使其竞争力更强，这是做加法；但有些资源条件受限的企业更适于做减法，这就是价值链的分解。

专业化分工与价值链分解相辅相成。由于资金和能力的限制，在很多行业，一种产品从开发、采购、生产到营销所形成的价值链过程已很少能由一家企业来完成。于是价值链开始分解，一些新的企业加入了价值链，并在某个环节上建立起新的竞争优势。这种竞争优势表现为在该环节上具有成熟、精湛的技术和较低的成本。它们的进入使一些大而全、小而全的企业在竞争中处于劣势，被迫放弃某些增值环节，而选择若干具有比较优势的环节集中培育，重新建立起自己的优势竞争地位。这种情况在产品结构复杂的行业中较为普遍。

这时候的企业不是进行价值链的增加，而是减少价值链的个别环节，以便自己能够集中优势资源将核心竞争力在某个或某几个点上进行突破。这就是近几年很多企业都在思考的价值链再造的问题。下面我们一起来分析一下，制造业价值链是如何再造的。

近二十多年来，制造业的产品价值创造体系，即价值链体系正在经历大规模重组。中国制造业通过产业转移和积极吸纳保持了经济的持续快速增长。

企业作为一个整体，其竞争优势来源于在设计、生产、营销等过程以及辅助过程中所进行的许多相互分离的活动，来自于为企业的相对成本地位和差别化程度奠定基础的整个产业价值链配置系统。为了营造和保持竞争优势，管理者必须在整个价值链配置系统中不断地寻求适合培育与强化自身核心竞争力的定位，并同时管理好与企业创造价值相关联的其他环节，这样企业的竞争优势才会持久。企业价值链管理的核心是价值链重组，即对企业战略、增值运营流程以及支持它们的系统、政策、组织和结构的快速、彻底、急剧的重组，以达到工作流程和生产力的最优化。在进行价值链重组时，我们首先应该明确企业的发展战略，然后选择关键环节进行重组。

不同行业中的企业，其关键环节也可能存在很大差异。例如，按订单生产和采用 OEM（代工）生产模式的企业，关键环节可能是生产制造与供应链；服装、食品等消费品行业的关键环节可能是分销；金融、电信等服务业的关键环节则可能是客户服务。即使是同一个企业，随着外部竞争环境的变化，其关键环节也不是固定不变的。因此，掌握选择关键环节的原则是至关重要的。一般来说，只有选取那些能够满足公司发展战略和经营目标、满足竞争需求、现有效率低下、阶段性收益最大的环节进行重组，才可以取得以点带面，最后全面突破的效果。

综上所述，价值链整合也好，价值链分解也罢，任何价值链的调整都需要对内部业务流程进行全面升级与再造。

2. 战略调整

经营环境每时每刻都在发生变化，企业发展战略也需要不断优化与调整，相应地，企业业务流程也需要根据战略调整进行再造。

企业可以选择的战略调整方向有前向一体化、后向一体化、横向一体化、多元化、并购、剥离等。这些都是可能的选择之一，也可以进行战略组合选择。但究竟是选择单一战略还是组合战略，关键是要评估企业自身的资源状况，因为没有一家企业能够拥有足够的资源来选择和实施对其有益的所有战略。

迈克尔·波特在 20 世纪 80 年代的"战略三部曲"，即《竞争战略》《竞争优势》《国家竞争优势》中提到，各种战略使企业获得竞争优势的 3 个基本点是成本领先、差异化、专一经营。通常我们也把波特的这一思想称为"一般性战略"。

（1）成本领先战略。成本领先战略也称为低成本战略，是指企业通过有效途径降低成本，使企业的全部成本低于竞争对手的成本，甚至是同行业中最低的成本，从而获取竞争优势的一种战略。根据企业获取成本优势的方法不同，我们把成本领先战略概括为如下几种主要类型：

①简化产品型成本领先战略。使产品简单化，即将产品或服务中添加的花样全部取消。

②改进设计型成本领先战略。通过设计及工艺改进，大幅度降低研

发、制造成本，从而获得战略成功。

③材料节约型成本领先战略。通过引进新材料，节约材料成本，从而获得竞争优势。

④人工费用降低型成本领先战略。通过压缩编制，提高人力资源效率，节省人工费用，让企业获得竞争优势。

⑤生产创新及自动化型成本领先战略。通过生产模式的创新，以及自动化、信息化水平的提升，节省成本，获得成功。

与成本领先战略相关的流程有产品成本管控流程、新产品研发流程、产品工艺管理流程、采购管理流程、人力资源规划流程、定岗定编管理流程、信息化规划流程等。

（2）差异化战略。就是将公司提供的产品或服务差异化，形成一些在全产业范围中具有独特性的东西。差异化战略可以通过以下手段和途径去实现：

①追求产品品质的优异化。创造独家所有，确保市场占有率小而投资回报率高。

②追求产品专利权的优异化。以专利保护技术创新，以此区隔市场。

③追求产品创新力的优异化。技术第一，是最先进的产品。

④追求产品周边服务的优异化。创造特性和附属性功能。

⑤追求售前和售后服务的优异化。

⑥追求品牌的优异化。强调产品的品牌诉求。

与差异化战略相关的流程有品质控制流程、知识产权管理流程、新产品开发流程、客户服务流程、品牌宣传及推广流程、市场推广流程等。

（3）专一经营战略。专一经营战略也称集中化战略、目标集中战略等。它是指主攻某一特殊的客户群、某一产品线的细分区段、或某一地区市场。企业专一化经营战略的确定，需要满足以下某些条件：

①拥有特殊的受欢迎的产品。

②开发了专有技术。

③不渗透的市场结构。

④不易被模仿的生产、服务以及消费活动链。

与专一经营战略相关的流程有新产品开发流程、知识产权管理流程、市场推广流程、供应链开发流程等。企业不论选择哪种战略转型，都必须对现有流程进行全面再造与升级。

3. 业务流程外包

业务流程外包（Business Process Outsourcing，简称BPO），是指企业将业务流程以及相应的职能外包给供应商，并由供应商对这些流程进行重组。

目前常见的企业业务流程外包有研发流程外包、供应链流程外包、制造流程外包、营销流程外包、人力资源流程外包、财务流程外包等。单从人力资源流程外包来讲，小到员工招聘面试流程外包、员工培训实施流程外包、员工社保外包、员工福利外包，大到员工招聘流程外包、员工培训流程外包、员工薪酬外包，再到人力资源全流程外包，都已经有非常成功的实施案例。可见，业务流程外包已成为企业业务流程再造的一项必然选择。

随着企业竞争加剧和社会分工明细化，越来越多的企业开始思考将辅助流程、管理流程，甚至非核心业务流程进行外包，由专业的公司来协助企业实现流程价值。

道理很简单，因为对于任何一家企业而言，只需要做好自己的核心业务流程就可以使企业的经营价值最大化，而其他的辅助流程、管理流程以及非核心的业务流程所产生的价值贡献远远低于核心业务流程的价值。而企业外包出来的这些流程，又是很多专业的流程外包公司最擅长的，同时也是这些外包公司的核心业务流程。这样一来，每家公司都做自己最擅长的事情，各自都能保证自身利益的最大化。苹果公司把生产外包给富士康就是这个道理。

有人把企业业务流程外包称为"21世纪企业发展的新模式"，因为企业可以通过业务流程外包达到以下目的：

（1）有效地改善辅助业务对核心业务的支持作用，增加整体盈利。公司业务可划分为核心业务与辅助业务，BPO运作的主要对象是对整体业务起支撑作用的辅助业务，如财务（财务账务处理、税务筹划等）、信息系统（网站设计与维护、OA系统外包、ERP系统维护、服务器外包、搜索引擎等）、人力资源（员工招聘、培训、社会保险、员工福利等）、销售渠道管理（渠道拓展、销售管理等）、生产（工厂管理、供应体系等）、法务（法务咨询、合同审核、法务纠纷处理等）、物业、后勤等。这些辅助业务对外承包给专业化公司后，其业务质量能得到显著而迅速的改善，从而对核心业务起到推动作用，增加整体盈利。

（2）突出对核心业务的重点管理，同时实现对辅助业务的有效控制。将部分辅助业务外包，有助于公司管理层将更多的时间、精力和资源投入到核心业务上。而在辅助业务管理上，作为业务承揽方的外部专业化公司对其承揽项目的服务等级、成本构成、质量检测等均有明确的标准和承诺，这样，公司就可根据合同的履行情况实现对辅助业务的成本—质量控制，实现预期目标。

（3）提高外包业务质量的同时，也将这一业务领域改变成具有创造性的领域。在公司内部，辅助业务常被视为"日常性工作"，是一笔"经常性费用"。当由外部专业化公司的雇员们接手这些业务后，这些业务的性质不再是"日常性工作"，而是"新的就业机会"。他们能以一种充满激情的态度，富有创造性地去完成这些工作。此外，外部专业化公司常常是所从事业务领域中的技术领先者，他们会对所承包的业务施以优化设计、科学运作与管理，并跟踪最新技术发展，不断更新公司的系统。

（4）有利于在新的市场环境中打破传统的行业（业务）界线，与外部公司形成跨业务领域的联合，构建长期的战略伙伴关系，增强彼此的竞争力。

4. 组织再造

组织再造也是目前企业在竞争中常用的一种手段，同时也是业务流程再造的一种趋势。因为传统强调以职能管理为核心的企业管理模式已经面临前所未有的挑战。

企业组织管理经历了3个阶段：

第1阶段：强调以职能管理为核心。

第2阶段：流程管理得到认可，但职能管理仍处于主导地位。

第3阶段：关键流程驱动企业运营。

这3个阶段的发展，是符合我国企业对管理的逐渐认知和竞争环境的变化的。关于组织分工和协作的问题我们在前面谈了很多，在这里就不再赘述，未来企业的管理一定是流程为王。

因为流程管理强调通过跨部门的协作实现企业经营管理活动的简单化和高效化。它以结果为导向，倒推相关运作过程，关注的是结果的产生和产生结果的过程，并将企业的经营管理重点突出表现为关注客户服务、关注企业产出效果、关注不同组织之间的协同服务，而不是自上而下的职能划分。

流程管理要求企业建立相应的扁平化组织结构，将所有业务、管理活动都视为一个流程，注重其连续性，以全流程运作的观点取代个别部门或人员的看法；注重系统效率的提高和整体绩效表现，而不是单个环节所产生的亮点。在组织运作上要求打破部门的本位主义，鼓励不同职能部门之间的相互合作，共同追求企业的整体流程绩效；将企业不同部门之间相互关联的行为视为一个总流程的集合，对这个集合进行管理和控制，强调全过程的协调和目标化，这与传统的组织管理模式有很大不同。

三、流程优化与再造的 6 项衡量标准

业务流程优化与再造有很多成熟的方法，但不同企业在进行业务流程优化与再造的时候如何才能做到最优，其实是没有标准答案的。读者朋友可能还会有一个问题，那就是我们做流程优化与再造的标准是什么？换句话来讲，什么样的流程才是好流程呢？根据多年的实践，我们认为可以从以下几点来衡量流程优化与再造的效果。

1. 增值活动

前文已经提到，企业流程管理的核心目的是为了"增值"，当然每个流程、每项活动的"增值"方式可能有所不同，但流程优化与再造的时候，始终要把握这样一个原则，那就是"该活动有增值价值吗？"如果没有，就一定要想办法将该活动剔除掉，最终保证流程中的每项活动都是"增值"的。

2. 面向客户

我们在谈到流程的六大构成要素的时候提到，客户就是流程输出结果的最终消费者，企业进行流程优化与再造的时候，当然要保证面向客户，并且保证客户的满意度。

不同流程的客户是有差异的。客户可能是企业外部的客户（代理商、经销商、终端客户、供应商），也可能是企业内部的客户。总之，企业流程优化与再造必须紧紧围绕客户诉求，将那些与客户诉求无关或者弱相关的业务活动尽可能减掉。

3. 目标导向

我们通常讲战略决定企业做正确的事，组织决定企业正确地做事，而流程则可以帮助企业高效率、低成本、低风险地做事。流程的存在一定是为了企业战略的实现，如果企业流程优化离开了战略的引导和战略目标的实现，那将是毫无意义的。

另外，回到流程管理的基本原则，我们强调流程管理必须坚持"目标导向、结果导向"原则。任何一个流程，其增值方式不同，因而衡量增值方式的指标以及所要达到的目标也是不同的。

4. 结果导向

好流程一定有明确的结果导向，同时也会体现在流程绩效上。因此，衡量一个流程是否是好流程的关键，就是看这个流程最终的结果是否达到了流程客户的核心诉求。我们通常所说的"结果不会说谎"用在衡量流程结果上是再恰当不过了。只要结果不理想，表面上再好的流程也都是镜中花、水中月。

5. 体系化

通过前文介绍可知，企业的流程按类型分为业务流程、管理流程、辅助流程，按层级分为集团级流程、公司级流程、部门级流程、岗位级流程，另外每个流程又包括流程图、流程步骤说明、流程相关制度、流程相关文件、流程相关表单、流程相关绩效指标、流程相关权限划分、流程风控体系等。一套好的流程体系一定是全价值链打通、全层级优化、全员参与、全天候执行的，同时也能确保流程在执行过程中风险可控。因此，流程体系化就是要将价值链及业务蓝图上下游相关的流程、制度、表单、权限及流程指标设计出来并确保有效执行。

6. 自我优化

世界上唯一不变的就是变化。竞争环境的变化是永恒的，流程客户的需求也是随时变化的，流程管理就是要帮助企业在周边环境发生变化时，使运营和管理能尽快赶上并适应这种变化。环境的变化必然带来运营和管理的不断调整和变化，而运营和管理的变化必然要反映到流程上。所以说，企业流程管理一定是动态的，而且流程管理成熟的企业也一定有健全的流程自我优化机能，企业的流程优化一定不是什么"抽风运动"，而是需要一整套完整的配套体系保证流程持续改进，永不过时。

第六章
流程配套设计

流程配套制度设计

流程配套表单设计

流程配套绩效指标识别

流程配套授权规划

流程配套风控点识别

流程中心型组织变革

流程配套设计验证

一、流程配套制度设计

传统企业内部管理以制度为主，对流程和表单的管理非常弱化，在这种管理思路的驱动下，我们看到，每家公司都有很多的制度，有些公司内部的管理制度有几十个，甚至几百个。制度很多，但执行状况如何呢？根据我们的经验，很多公司的制度执行状况都不好。

认真分析一下，原因不外乎以下几个：

（1）制度太多，员工不可能花太多时间去学习每个制度。

（2）制度的体系性不强，制度之间的衔接不好，导致没办法执行。

（3）每个制度的内容太多，员工很难对每项条款都理解、掌握。

（4）制度编写不规范，将很多需要流程、表单解决的问题，期望用制度来表达。

随着对流程管理认识的加强，目前很多企业提出了"制度瘦身"计划，在这种情况下，企业加强了流程和表单管理，同时减少或简化制度。

一般来讲，如果企业建立了完善的流程体系，制度则会成为流程的配套，定制度的目的是解释流程中非常重要的环节和说明原则性的东西。

既然这样，我们该如何设计满足流程需要的制度体系呢？企业编写制度的原则和基本内容又包含哪些呢？

（1）制度属性：包括版本号、制度编号、制度名称等。

（2）制度目的：用来说明制度描述的主要内容、制度适用于哪些管理环节。

（3）制度适用原则：用来说明制度制订及公司在制度规定领域的基本管理要求和原则。

（4）制度正文：用来描述制度相关规定和说明。

（5）制度附加说明：用来说明制度的归口部门、解释与修正部门、制度执行时间等。

二、 流程配套表单设计

像前文的描述一样，表单的作用也是帮助企业流程顺利运作，因为流程告诉员工某件事情该如何做，制度是对流程重要环节的说明和解释，而表单则描述了员工在具体执行流程中的实际操作。一般来讲，一张完整的管理表单，应该包括：

（1）表单属性：包括归口部门、编号、版本号、表单名称等。

（2）表单输入：用来说明表单填写人的基本信息和核心意图。

（3）表单输出：用来说明表单审核人的基本意见。

（4）填表说明：用来说明表单的填写要求和填写规范。当然，对于有些比较简单的表格，填表说明可以忽略。此外，同时填表说明可以放在表格当中，也可以单独说明。

三、 流程配套绩效指标识别

在将流程设计完成后，我们还应分析相关流程客户的需求，并建立明确的绩效指标，以此作为衡量流程运作好坏的标准。在流程绩效设计过程中，我们应明确相关问题：包括由谁来负责流程运作？承担流程运作中的哪些职能？用什么指标进行衡量？具体的需求标准是怎样的？怎么去评价它？由谁来进行评价？

1. 战略绩效、流程绩效与职能绩效

传统企业的绩效指标主要有两个来源，即基于战略的 KPIs（Key Perfor-mance Indicators of Strategy）和基于职能的 KPIo（Key Performance Indicators of Organization）。传统企业过于强调部门职能的有效运行，最终导致部门之间的壁垒越来越森严；流程企业的绩效指标也主要有两个来源，即基于战略的 KPIs 和基于流程的 KPIp（Key Performance Indicators of Process）。流程企业强调流程的实现，透过基于流程的 KPIp 考核，使部门之间的协调更畅顺，效率更高。

我们知道，KPIs 用来衡量企业战略及经营目标是否顺利达成，是企业经营的最终目的；KPIp 用来衡量战略及经营目标实现过程中是否高效、高质量、高客户满意度、低成本，是直接影响目标实现的关键；KPIo 用来衡量组织内部分工及部门、岗位职责履行是否有效。

我们通常讲先有战略，后有流程，最后才是组织。企业战略要想顺利实现，建立以客户为导向的流程中心型组织非常有必要；而流程落地及有效实施的前提正是企业内部的组织职位体系健全，分工明确。可以这么讲，KPIs 衡量的是结果，而 KPIp 衡量的是结果产生的过程，KPIo 衡量的是确保结果实现的基础。

2. 如何识别流程绩效指标

既然流程绩效指标非常重要，那么如何进行基于流程的 KPIp 设计呢？

首先，我们要清楚地知道，核心业务流程的目的在于创造价值，也就是增值，这种增值可能是效率提升、成本降低、销售增加、利润增长、质量提高，也可能是客户满意、员工满意，这与每个流程的目的（绩效目标）有关。

根据流程的目的，也就是流程预期的"增值"结果，搞清楚该流程的"增值"方式是什么。是效率提升？是客户满意？还是成本降低？抑或销量增加？

其次，确定 KPIp 的承接部门。在每个业务流程当中，都会有多个部门参与，那么这些部门都需要对 KPIp 的最终结果负责。

最后，对业务流程指标进行定义。流程指标定义包括指标名称、指标编号、指标来源、相关部门、指标目的、计算公式、特殊说明、计量单位、统计周期、指标极性、数据输出部门、数据输出时间、指标考核周期、指标考核方法、指标性质等。

【案例 6-1】北京某企业流程绩效指标（表 6-1 ~ 表 6-4）

表 6-1　某企业整合营销 KPIp 规划

整合营销流程名称	KPIp 名称	KPIp 归口部门	KPIp 相关部门
年度营销规划流程	年度营销规划批准时间	营销总监	市场部、销售部
品牌推广流程	品牌知名度	市场部	销售部
市场调研流程	月度市场调研报告输出时间	市场部	销售部

续表

整合营销流程名称	KPIp 名称	KPIp 归口部门	KPIp 相关部门
市场推广流程	市场推广有效性评价	市场部	销售部
促销管理流程	促销效果评价	市场部	销售部
客户开发流程	新开发客户数量	销售部	市场部
销售商机管理流程	销售商机开发数量	销售部	总经办
销售订单管理流程	订单准时交付率	销售部	计划部、生产部、仓储部、物流部
销售价格管理流程	产品销售毛利率	销售部	财务部
销售货款管理流程	销售货款回笼率	销售部	财务部
呆坏账管理流程	呆坏账比例	销售部	财务部
客户服务流程	客户满意度	客户服务部	销售部、品质部、生产部、研发部、计划部、物流部
客诉受理流程	客诉处理时效	客户服务部	销售部、品质部、生产部、研发部、计划部、物流部
市场物料管理流程	市场物料有效性评价	市场部	销售部、仓储部、物流部
营销预算管理流程	营销预算控制率	销售部	市场部、财务部

表 6-2　某企业集成研发 KPIp 规划

集成研发流程名称	KPIp 名称	KPIp 归口部门	KPIp 相关部门
产品调研及需求管理流程	产品定义书（V0.1）输出时间	市场部	开发部、生产技术部、采购部、产品委员会
客户需求评审流程	客户需求评审及时率	研发部	销售部、生产部、工艺部、生产部
产品开发规划流程	年度产品开发计划输出时间	产品委员会	研发部、销售部、市场部
新产品开发流程	新产品开发计划达成率、新产品销售收入	研发部	销售部、品质部、生产部、工艺部、采购部
新产品开发验证流程	新产品品质成熟度	研发品质部	研发部、采购部、工艺部
新产品上市管理流程	新品上市目标达成率	市场部	研发部、销售部
产品生命周期管理流程	产品销售周期	开发部	产品委员会、销售部、工艺部、生产部、采购部

表 6-3　某企业集成供应链 KPIp 规划

集成供应链流程名称	KPIp 名称	KPIp 归口部门	KPIp 相关部门
年度产能规划流程	年度产能规划输出时间	制造总监	生产部、设备部、销售部
供应商开发流程	供应商开发计划达成率	采购部	工艺部、生产部、质量部、财务部
供应商评价流程	合格供应商比例	采购部	工艺部、生产部、质量部、财务部
订单交付计划管理流程	订单交付计划达成率	计划部	销售部、采购部、生产部、设备部、工艺部
备品配件采购流程	备品配件质量合格率、备品配件断货次数	计划部	采购部、生产部、设备部
物料采购流程	物料采购齐套率	采购部	仓储部、生产部
物料检验流程	原料一次交检合格率	品质部	采购部、仓储部
生产计划管理流程	生产计划达成率	计划部	生产部
制程管理流程	生产计划达成率	生产部	计划部、采购部、设备部
成品检验流程	成品一次交检合格率	品质部	生产部、仓储部
成品入库及出库流程	成品仓储完好率	仓储部	生产部、销售部
成品发货流程	成品发货及时率	物流部	销售部、仓储部

表 6-4　某企业人力资源 KPIp 规划

人力资源流程名称	KPIp 名称	KPIp 归口部门	KPIp 相关部门
人力资源规划流程	年度人力资源规划完成时间	人力资源部	各部门
组织管理流程	定岗定编合理性评价	人力资源部	各部门
员工招聘流程	招聘计划达成率、岗位空缺率、平均招聘周期	人力资源部	各部门
员工培训流程	培训计划达成率、员工适岗率	人力资源部	各部门
劳动纠纷处理流程	劳动纠纷发生次数、劳动纠纷有效处理率	人力资源部	各部门
企业文化建设流程	文化活动满意度、员工认同度	人力资源部	各部门

四、流程配套授权规划

任正非说过，华为倡导"授权中层"。那么如何进行授权呢？哪些权力需要下放？哪些权力需要集中？每个职位有哪些权力？同一问题，权力究竟如何划分？是一级审批、二级审批还是多级审批？这些问题在企业进行流程配套设计的时候需要一并考虑。

1. 流程权限类型

在流程描述的过程中，我们会经常用到"◇"符号，这是一个决策符号，表示流程在这个环节需要进行一个决策，是行还是不行，是通过还是不通过。其实，企业在这个环节就完成了职权的分配工作。在跨部门的流程图当中，流程的上端是流程相关部门，流程正文是流程流转环节和顺序，"◇"符号对应的部门就是相应权力的拥有者。因此，通过流程体系进行企业的分权体系设计是非常科学合理的。

流程权限是流程责任人实施流程活动的资格。通常情况下，流程责任人的职位越高，其权力就越大。为了能够让流程责任人充分发挥其职责，流程必须赋予其相应的职权；如果某个流程责任人处在流程的某个环节，却没有相应的权限，那么他是无法承担起流程责任的。

业务流程权限分为四种类型，分别为人事权、财务权、资源调配权及信息权。常见的人事权有人事任免权、员工考核权、奖金分配权、组织调整权等；常见的财务权有对外投资权、企业融资权、预算编制权、预算调整权、超预算修正权、成本控制权、费用审批权等；常见的资源调配权有办公类固定资产调配权、设备类固定资产处置权、生产类固定资产处置权、低值易耗品处置权、不良资产处置权、不合格产品处理权等；常见的信息权有财务信息知晓权、档案查询权、产品信息知晓权、合理化建议权、相关报表信息知晓权、经济合同评审权等。

同时，流程权限层次也分为三种，分别为提案（提报）、审核、批准。为了提升流程效率并有效控制风险，对于简单的事项企业可以通过一级审批或二级审批的方式进行；对于某些需要多人审批的流程事项，可以采用会审的方式集体审批。总之，流程审批最好控制在两级，最多不要超过三级。

2. 流程授权原则

为了提升流程效率，同时有效控制流程风险，我们将流程授权原则归结为：

（1）对流程环节授权而非对整个流程授权。这是业务流程授权的第一原则。流程是一系列连续、有规律的活动，这就意味着每个流程中都会有若干个环节和步骤，业务流程授权时需要针对流程涉及权限分配的具体环节和步骤进行授权。

（2）对流程角色授权而非对人授权。很多企业在进行流程授权的时候，往往误认为是对具体某个人授权，殊不知正确的流程授权仅仅是对流程角色（流程责任人）进行授权，而流程角色（流程责任人）可能是由很多人构成的。

（3）就近授权，让听得到炮声的人去决策。流程授权一定要让最贴近业务实际的流程角色（流程责任人）进行决策，因为越贴近业务实际就越有发言权，也能更准确、有效地进行决策。

（4）采用两级授权，最多不要超过三级。最有效的流程授权是两级授权，即对某项流程决策事项通过审核、批准进行授权；授权如果超过三级，甚至达到四级、五级的话，一定会影响流程效率。

（5）责权对等。授权可以改变流程相关者有责无权的状态，有利于调动流程责任人的积极性。但在实践中要防止有权无责或者权责失当的现象。有权无责，用权时就容易出现随心所欲、缺乏责任心的情况；权大责小，用权时就会疏忽大意，责任心也不会很强；权小责大，会导致流程责任人无法承担权力运用的责任。因此，授予多大的权力，就要有多大的责任；要求多大的责任，就应该授予多大的权力，权力和责任要对等。

（6）授权不等于撒手不管，脱离监督的授权必然滋生腐败。流程授权的同时要加强授权管控，企业可以通过流程审计、流程绩效分析等手段对滥用权限、越权、不作为等行为进行检讨，发现问题，及时优化。

【案例 6-2】北京某企业人力资源管理、财经服务流程权限分配表（表6-5、表6-6）

表 6-5 北京某企业人力资源管理流程权限分配表

流程名称	流程业务授权内容	提报	审核	二级审核	审批
人力资源规划流程	人力资源供给及成本分析	人力资源专员/招聘专员			人力资源部经理
	人力资源现状调查	各部门			部门分管领导
	年度人力资源规划	人力资源部经理	人力资源总监		总裁
组织管理流程	组织调整申请	部门负责人	分管领导	人力资源总监	总裁
	人事任命通知	人力资源部经理	人力资源总监		总裁
	定岗、定编	人力资源部经理	人力资源总监		总裁
招聘管理流程	招聘需求	用人部门负责人			部门分管领导
	年度招聘计划	人力资源经理			人力资源总监
	招聘计分卡（B层级及以上）	人力资源经理	分管领导		总裁
	招聘计分卡（B层级以下）	招聘主管/专员	用人部门负责人		分管领导
	内部应聘申请	意向员工	部门领导		人力资源总监
	转正申请（B层级及以上员工）	试用员工	分管领导	人力资源总监	总裁
	转正申请（B层级以下员工）	试用员工	用人部门负责人	人力资源总监	分管领导
培训管理流程	年度培训计划（含预算）	人力资源主管	人力资源部经理	人力资源总监	总裁
薪酬管理流程	年度薪酬福利调整方案（薪酬制度、绩效制度、福利方案、中长期激励方案）	人力资源部经理	人力资源总监		总裁
	年度薪酬水平调整方案	人力资源部经理	人力资源总监		总裁
	年度薪酬层级调整	部门负责人	人力资源部经理	人力资源总监	总裁
	临时性薪酬层级调整	部门负责人	人力资源总监		总裁

续表

流程名称	流程业务授权内容	提报	审核	二级审核	审批
	岗位工资发放明细	人力资源专员	人力资源部经理		人力资源总监
	年终奖金发放明细	人力资源专员	人力资源部经理		人力资源总监
	业务提成/项目奖金发放明细	业务经办人	部门负责人	人力资源部经理	人力资源总监
劳动合同管理流程	劳动合同期限规划、劳动合同文本	人力资源部经理			人力资源总监
	劳动合同中止申请	用人部门负责人	分管领导	人力资源总监	总裁
	劳动合同续签规划	用人部门负责人	分管领导	人力资源部经理	人力资源总监
员工异动管理流程	B层级及以上员工离职申请	人力资源部经理/分管领导	人力资源总监		总裁
	C层级员工离职申请	用人部门负责人	分管领导	人力资源总监	总裁
	D层级员工离职申请	用人部门负责人	分管领导		人力资源总监
	B层级及以上员工异动申请	人力资源部经理/分管领导	人力资源总监		总裁
	C层级员工异动申请	用人部门负责人	分管领导	人力资源总监	总裁
	D层级员工异动申请	用人部门负责人	人力资源总监		分管领导
企业文化建设流程	年度企业文化建设草案	人力资源部经理	人力资源总监		总裁
	VI应用手册	市场部经理	市场总监		总裁
	企业文化白皮书	人力资源部经理	人力资源总监		总裁

表6-6　北京某企业财经服务流程权限分配表

流程名称	流程业务授权内容	提报	审核	二级审核	审批
年度预算管理流程	年度预算目标	预算管理委员会			董事会
	部门费用预算内支出	各部门			分管领导
	预算外支出申请	各部门	分管领导		总裁

续表

流程名称	流程业务授权内容	提报	审核	二级审核	审批
融资管理流程	资金需求计划	财务部经理	财务总监		总裁
	融资方案（非重大）	财务部经理	财务总监		总裁
	融资方案（重大）	财务总监	总裁	董事会	股东大会
	融资偿付申请	财务部经理	财务总监		总裁
财务报表管理流程	财务报告	财务部总账会计	财务总监		总裁
员工借款流程	员工借款申请（预算内）	员工	员工直接上级		财务总监
	员工借款申请（预算外）	员工	员工直接上级	财务总监	总裁
	员工借款支付	出纳			财务部经理
销售账款管理流程	逾期应收款明细表	财务部销售会计			财务总监
	逾期账款回收策略	各事业部			总裁
	坏账提报	各事业部	财务总监		总裁
费用报销流程	费用报销单	员工			部门负责人
	预算外费用报销	部门负责人	分管领导		总裁
	费用报销单据是否合规	员工			费用会计
财务分析流程	财务分析报告	财务部	财务总监		总裁

五、流程配套风控点识别

　　企业进行业务流程优化与再造的一个重要目的在于风险控制，因为流程在运行的过程中随时都会面临人员异动、经营环境变化、政策调整、业务腐败、客户诉求变化、流程执行不力、合同履行变更、商业机密泄露、安全事故、环境污染等风险。因此在流程配套设计时，企业必须预先识别相关风险点，并建立风险识别与防范措施，只有这样才能保证流程有效运行。

　　根据国家财政部、证监会、审计署、银监会、保监会联合颁布的《企业内部控制基本规范》，企业必须按照以下原则①建立与实施内部控制体系：

（1）全面性原则。内部控制应当贯穿决策、执行和监督全过程，覆盖企业及其所属单位的各种业务和事项。

（2）重要性原则。内部控制应当在全面控制的基础上，关注重要业务事项和高风险领域。

（3）制衡性原则。内部控制应当在治理结构、机构设置及权责分配、业务流程等方面形成相互制约、相互监督，同时兼顾运营效率。

（4）适应性原则。内部控制应当与企业经营规模、业务范围、竞争状况和风险水平等相适应，并随着情况的变化及时加以调整。

（5）成本效益原则。内部控制应当权衡实施成本与预期效益，以适当的成本实现有效控制。

同时，配套印发的《企业内部控制应用指引》指出，企业应针对以下18个方面②建立内控体系（表6-7）：

（1）组织架构。包括组织架构的设计、组织架构的运营。

（2）发展战略。包括发展战略的制定、发展战略的实施。

（3）人力资源。包括人力资源的引进与开发、人力资源的使用与退出。

（4）社会责任。包括安全生产、产品质量、环境保护与资源节约、促进就业与员工权益保护。

（5）企业文化。包括企业文化的培育、企业文化的评估。

（6）资金活动。包括筹资、投资、营运。

（7）采购业务。包括购买、付款。

（8）资产管理。包括存货管理、固定资产管理、无形资产管理。

（9）销售业务。包括销售、收款。

（10）研究与开发。包括立项与研究、开发与保护。

（11）工程项目。包括工程立项、工程招标、工程造价、工程建设、工程验收。

---

① 摘自《企业内部控制基本规范》。
② 摘自《企业内部控制应用指引》。

（12）担保业务。包括调查评估和审批、执行与监控。

（13）业务外包。包括承包方选择、外包业务实施。

（14）财务报告。包括财务报告的编制、财务报告的对外提供、财务报告的分析利用。

（15）全面预算。包括预算编制、预算执行、预算考核。

（16）合同管理。包括合同的订立、合同的履行。

（17）内部信息传递。包括内部报告的形成、内部报告的使用。

（18）信息系统。包括信息系统的开发、信息系统的运行与维护。

另外，除《企业内部控制应用指引》，为了确保《企业内部控制基本规范》的有效运行，国家还制定了《企业内部控制评价指引》及《企业内部控制审计指引》。

表 6-7　企业常见风控点及对应流程

内控体系	潜在风险	对应流程
组织架构	（1）治理结构形同虚设，缺乏科学决策和良性运行机制，可能导致企业经营失败，难以实现发展战略 （2）组织架构设计不科学，权责分配不合理，可能导致机构重叠、职能交叉、推诿扯皮，运行效率低下	组织管理流程、投资决策流程、重大事项决策流程、指令管理流程等
发展战略	（1）缺乏明确的发展战略或实施不到位，可能导致企业盲目发展，丧失发展机遇、动力和后劲 （2）发展战略过于激进，脱离企业实际或偏离主业，可能导致企业过度扩张或经营失败 （3）发展战略因主观原因频繁变动，可能损害企业发展的连续性或导致资源浪费	发展战略规划与实施流程、年度经营计划制订与管理流程等
人力资源	（1）人力资源缺乏或过剩、结构不合理、开发机制不健全，可能导致企业发展战略难以实现 （2）人力资源激励约束制度不合理、关键岗位人员管理不完善，可能导致人才流失、经营效率低下或关键技术泄密 （3）人力资源退出机制不当，可能导致法律诉讼或企业声誉受损	人力资源规划流程、招聘管理流程、培训管理流程、员工薪酬管理流程、目标绩效管理流程、员工异动管理流程等
社会责任	（1）安全生产措施不到位，责任不落实，可能导致企业发生安全事故 （2）产品质量低劣，侵害消费者利益，可能导致企业巨额赔偿、形象受损甚至破产 （3）环境保护投入不足，资源耗费大，造成环境污染或资源枯竭，可能导致企业巨额赔偿、缺乏发展后劲或停业	安全管理流程、成品质量管理流程、客户质量投诉处理流程、环境保护管理流程、事故预防及处理流程等

续表

内控体系	潜在风险	对应流程
企业文化	（1）缺乏积极向上的企业文化，可能导致员工丧失对企业的认同感，企业缺乏竞争力 （2）缺乏开拓创新、团队协作和风险意识，可能导致企业发展目标难以实现，影响可持续发展 （3）缺乏诚实守信的经营理念，可能导致舞弊事件发生，造成企业损失，影响企业信誉 （4）忽视企业并购重组中的文化差异和理念冲突，可能导致并购重组失败	企业文化建设流程、文化活动组织流程、危机事件处理流程等
资金管理	（1）筹资决策不当，引发资本结构不合理或无效融资，可能导致企业筹资成本过高或债务危机 （2）投资决策失误，引发盲目扩张或丧失发展机遇，可能导致资金链断裂或资金使用效率低下 （3）资金调度不合理、营运不畅，可能导致企业陷入财务困境或资金冗余 （4）资金活动监控不严，可能导致资金被挪用、侵占、抽逃或遭受欺诈	预算管理流程、融资管理流程、投资管理流程、资金管理流程、应收账款管理流程、应付账款管理流程等
采购业务	（1）采购计划安排不合理，市场变化预测不准确，造成库存短缺或积压，可能导致企业生产停滞或资源浪费 （2）供应商选择不当，采购方式不合理，招投标或定价机制不科学，授权审批不规范，可能导致采购物资质次价高，出现舞弊或遭受欺诈 （3）采购验收不规范，付款审核不严，可能导致采购物资、资金损失或信用受损	供应商开发流程、合格供应商管理流程、供应商绩效评价流程、采购计划管理流程、采购实施流程（议价采购、招标采购、期货采购等）、采购价格管理流程、采购付款管理流程等
资产管理	（1）存货积压或短缺，可能导致流动性不足、存货价值贬损或生产中断 （2）固定资产更新改造不够、使用效能低下、维护不当，可能导致企业缺乏核心竞争力、资产价值贬损、安全事故或资源浪费 （3）无形资产缺乏核心技术、权属不清、技术落后、存在重大技术安全隐患，可能导致企业法律纠纷、缺乏可持续发展能力	存货盘点流程、呆滞品处理流程、设备采购流程、设备安装及调试流程、设备维护保养流程、固定资产管理流程、专利申请流程、无形资产管理流程等
销售业务	（1）销售政策和策略不合理、市场变化预测不准确、销售渠道维护不够等，可能导致销售不畅、库存积压、经营难以为继 （2）客户调查不到位，结算方式选择不当，账款回收不力，可能导致销售款项不能收回或遭受欺诈 （3）销售过程存在舞弊行为，可能导致企业利益受损	销售政策管理流程、销售预测管理流程、渠道开发与维护流程、销售账款管理流程、呆坏账处理流程、销售订单管理流程等

续表

内控体系	潜在风险	对应流程
研究与开发	（1）研究项目未经科学论证或论证不充分，可能导致创新不足或资源浪费 （2）研发人员配备不合理或研发过程管理不善，可能导致研发成本过高、舞弊或研发失败 （3）研究成果转化利用不足、保护措施不力，可能导致企业利益受损	市场调研与需求管理流程、新产品定义流程、新产品立项流程、新产品开发流程、新产品开发验证流程、新产品上市流程、新产品生命周期管理流程等
工程项目	（1）立项缺乏可行性研究或者可行性研究流于形式，决策不当，盲目上马，可能导致难以实现预期效益或项目失败 （2）项目招标暗箱操作，存在商业贿赂，可能导致中标人实质上难以承担工程项目、中标价格失实及相关人员涉案 （3）工程造价信息不对称，技术方案不落实，预算脱离实际，可能导致项目投资失控 （4）工程物资质次价高，工程监理不到位，项目资金不落实，可能导致工程质量低劣，进度延迟或中断 （5）竣工验收不规范，最终把关不严，可能导致工程交付使用后存在重大隐患	工程项目可行性研究流程、工程项目招标管理流程、工程概算流程、工程预算管理流程、工程进度管理流程、工程质量管理流程、工程监理流程、工程竣工验收流程、工程决算流程、工程交接流程等
担保业务	（1）对担保申请人的资信状况调查不深，审批不严或越权审批，可能导致企业担保决策失误或遭受欺诈 （2）对被担保人出现财务困难或经营陷入困境等状况监控不力，应对措施不当，可能导致企业承担连带经济责任 （3）担保过程中存在舞弊行为，可能导致经办审批等相关人员涉案或企业利益受损	担保调查评估及审批流程、担保执行及监控流程等
业务外包	（1）外包范围确定不合理、承包方选择不当，可能导致企业遭受损失 （2）外包业务监控不严、服务质量低劣，可能导致企业难以发挥业务外包的优势 （3）业务外包存在商业贿赂等舞弊行为，可能导致企业相关人员涉案	业务外包供应商选择及评估流程、业务外包采购流程、业务外包商务合同评审流程、业务外包质量监控流程等
财务报告	（1）财务报告编制违反会计法律法规和国家统一的会计准则制度，可能导致企业承担法律责任、遭受损失和声誉受损 （2）提供虚假财务报告，误导财务报告使用者，造成决策失误，干扰市场秩序 （3）不能有效利用财务报告，难以及时发现企业经营管理中存在的问题，可能导致企业财务和经营风险失控	财务报告编制流程、财务报告发布流程、财务分析流程等

续表

内控体系	潜在风险	对应流程
全面预算	（1）缺乏预算或者预算体系不健全，可能导致企业盲目经营 （2）预算目标不合理、预算编制不科学，可能导致企业资源浪费或发展目标难以实现 （3）预算缺乏刚性、执行不力、考核不严，可能导致预算管理流于形式	预算编制及审批流程、预算调整流程、预算外支出审批流程、超预算支出审批流程等
合同管理	（1）未订立合同、合同内容存在重大疏漏，可能导致企业合法权益受到侵害 （2）合同履行不力或监控不当，可能导致诉讼失败，经济利益受损 （3）合同纠纷处理不当，可能损害企业信誉和形象	合同文本规范化流程、常规合同评审流程、特殊合同评审流程、合同盖章及存档流程、合同履行监控流程等
内部信息传递	（1）内部报告系统缺失、功能不健全、内容不完整，可能影响生产经营有序运行 （2）内部信息传递不通畅、不及时，可能导致决策失误、相关政策措施难以落实 （3）内部信息传递中泄露商业机密，可能削弱企业核心竞争力	企业信息发布流程、保密管理流程等
信息系统	（1）缺乏整体规划或者规划不合理，可能导致企业形成信息孤岛或重复建设，导致企业经营管理效率低下 （2）系统开发不符合内部控制要求，授权管理不当，可能导致无法利用信息技术实施有效控制 （3）系统运行维护和安全措施不到位，可能导致信息泄漏或毁损，系统无法正常运行	信息系统规划流程、信息系统需求管理流程、信息系统采购流程、信息系统实施流程、信息系统维护流程、信息系统集成流程、信息系统安全管理流程等

六、流程中心型组织变革

在设计流程的过程中，为了确保流程更加有效地运作，我们可能会对一些岗位、部门的职能进行调整，有的岗位、部门职能可能会新增，有的岗位、部门职能可能会减少，还有的岗位、部门甚至会取消。在这种情况下，我们需要对岗位、部门与流程之间的匹配度进行梳理，找出相互之间的对应关系，并进行重新界定，这就是本书所说的流程中心型组织变革。

1.流程中心型组织特点

流程中心型组织是相对于职能中心型组织而言的，它强调以流程为导向，以提升组织效率和客户满意度为宗旨。

流程中心型组织的兴起和快速发展并不是偶然的，促使它产生的驱动力来自于三个方面：

（1）组织外部的环境发生了变化，全球经济一体化，技术更新快，客户需求多样化，这些外部的变化都推动着组织的改变。

（2）传统职能中心型组织的缺点导致组织内驱力不足，机构臃肿，部门之间互相推诿，存在"部门墙"，组织效率低下，不能满足激烈的市场竞争需要。

（3）管理理论的发展，如流程再造、价值链、核心竞争力等理论为流程中心型组织的诞生和发展提供了丰厚的理论基础。

为了让读者朋友们能够清晰认识流程中心型组织的特征，在表6-8里我们对其优缺点进行描述，以便大家在流程中心型组织建设的过程中，取其长，避其短。

表6-8　流程中心型组织优缺点一览

流程中心型组织优点	流程中心型组织的缺点
（1）具有明确的工作程序，员工清楚上下游工作关系 （2）明确的授权机制，使基层员工能够参与公司决策，公司决策的成功率很高 （3）打破了以部门为中心的工作壁垒，工作效率很高 （4）坚持以客户为中心，使员工在工作过程中"眼睛向外"，以满足客户需求为工作准则 （5）实现了组织的扁平化管理，减少管理层次，压缩管理成本	（1）决策分散，决策速度慢 （2）基于团队而非基于个人，对员工的素质要求较高 （3）多元化的文化氛围，使公司内部的管理较难统一

2. 流程中心型组织变革要点

既然流程中心型组织强调以流程为导向，企业在建设流程中心型组织的过程中可以按照以下思路进行：

（1）核心价值链选择与分析。对于不同的企业而言，其战略不同，价值链选择也会存在差异。企业可以选择产——供——销"通吃"，也可以选择其中的一、两项做精、做强。

通常来讲，企业的核心价值主要围绕采购（供应商开发、采购价格、采购交期与服务、物流、仓储等）、生产（生产计划、制程、交付等）、销售（销售定价、销售策略、订单处理、市场推广、促销、客户服务、客户关系、咨询服务、批发经营、终端零售等）进行。但由于企业的核心目的在于追求经济效益最大化，所以企业在核心价值链选择的时候需要根据自己的核心能力，抓住最有价值的关键点。

（2）识别并建立核心流程。企业核心价值链分析清楚后，职能中心型组织强调分工，将每个业务系统的核心业务进行分解；而流程中心型组织则强调协作，需要建立不同核心业务之间的逻辑关系，并用流程将它们串起来。这就是职能中心型组织与流程中心型组织最本质的区别。

从企业运作的核心来看，职能分解是基础，流程协作才是核心，因为企业战略的实现必须依靠流程的高效运作。因此在价值链分析清楚之后，企业必须对核心流程进行识别。

（3）核心流程优化与再造。企业的战略在不同发展时期会有所调整，企业的年度经营计划也会要求每年的流程关注重点有所不同，所以说，企业的流程需要与时俱进，进行必要的调整和优化。企业在对流程进行调整的时候，一般有两种办法：一是在现有流程的基础上进行必要的优化，我们把它称为流程优化；二是对现有的流程进行全面改造，我们把它称为流程再造。

（4）建立流程团队。流程建立起来之后，为了保证流程能够落地并产生作用，流程中心型组织建设还需要企业做好两件事情：流程团队建立、流程管理思想建设。

企业内部建立流程团队一般有以下两种形式：

①长期流程团队：是指按照既定的业务流程，从流程总协调人到流程各环节的"流程团队"共同组成的团队，这个流程团队相对比较稳定。

②临时流程团队：是指为了某项特定的工作和某个特定的流程，需要临时为某个流程运行而建立的团队，这个团队会随着该项特定工作的结束而解散。如很多以项目制运作为核心的企业，每个项目启动会成专门成立项目小组，这个小组按照项目管理流程进行工作，当该项目结束后，项目小组也就随之解散。

除了流程团队的建设，企业在推进流程中心型组织建设的过程中，还有一个问题也是非常关键的，那就是训练一批有流程管理思想的员工。因为强调流程管理就必须打破条块分割的职能管理思想，同时要求所有员工从以前的"以领导为核心"向"以流程为核心"转变，如果在这个过程中不对员工的认识、思想以及工作方法和技巧上加以改变和调整，恐怕流程中心型组织的建设将困难重重。

（5）建立流程绩效评价体系。职能中心型组织强调职能的有效履行，所以在绩效评价的时候就会设置一些关于职能管理的KPI。流程中心型组织建设也是一样的道理，要想使流程中心型组织发挥其作用，建立必要的基于流程的绩效评价体系也是必不可少的。

流程中心型组织的考评体系必须以流程的结果来衡量流程团队各成员的工作业绩，鼓励以客户为中心，倡导协作文化。

七、流程配套设计验证

实践是检验真理的唯一标准。相关配套体系设计出来之后，由于仅仅是设计人员在设计过程中的一种理想化思维的产物，因此还需要投入到实际运行中，与现实情况进行结合，才能发现设计中存在的种种问题，并予以改正。

对配套体系进行验证，我们可以根据上面所讲的方式，对其实施过程进行跟踪，并及时进行改善和修正。常见的有以下四种方法：

1. 部门研讨与沟通

相关计划、表单、数据等配套材料在投入运行之前，应与流程的归口部门和负责人员进行沟通讨论，征询他们的修改意见和建议，并根据流程操作人员的实际操作经验判断配套体系的合理性和可行性。

2. 运行过程跟踪

相关配套体系在投入运行的过程中，应及时对其运行状况进行指导与监督，以使配套体系能够在预定的轨道上运行，避免执行过程中的走样和偏差。

3. 运行改进调整

针对配套体系实际运行过程中存在的相关问题和矛盾，流程设计人员应及时对其进行记录、调整和修改，以确保配套体系能够满足流程运行的需要。

4. 定期执行沟通讨论

流程配套体系在运行一段时间后，针对流程运作过程中的实际变化情况，流程设计人员与流程执行部门可通过定期沟通，对流程配套体系进行相互探讨，以便进行不断改善和完善。

【案例6-3】深圳某企业流程优化及配套设计结果

接【案例3-3】以下是我们对深圳某企业整合营销、集成研发、集成供应链及集成财经服务部分流程全面优化以及相关流程配套设计的结果。

（1）深圳某企业市场推广活动管理流程。

第一部分：市场推广活动管理流程图（图6-1）

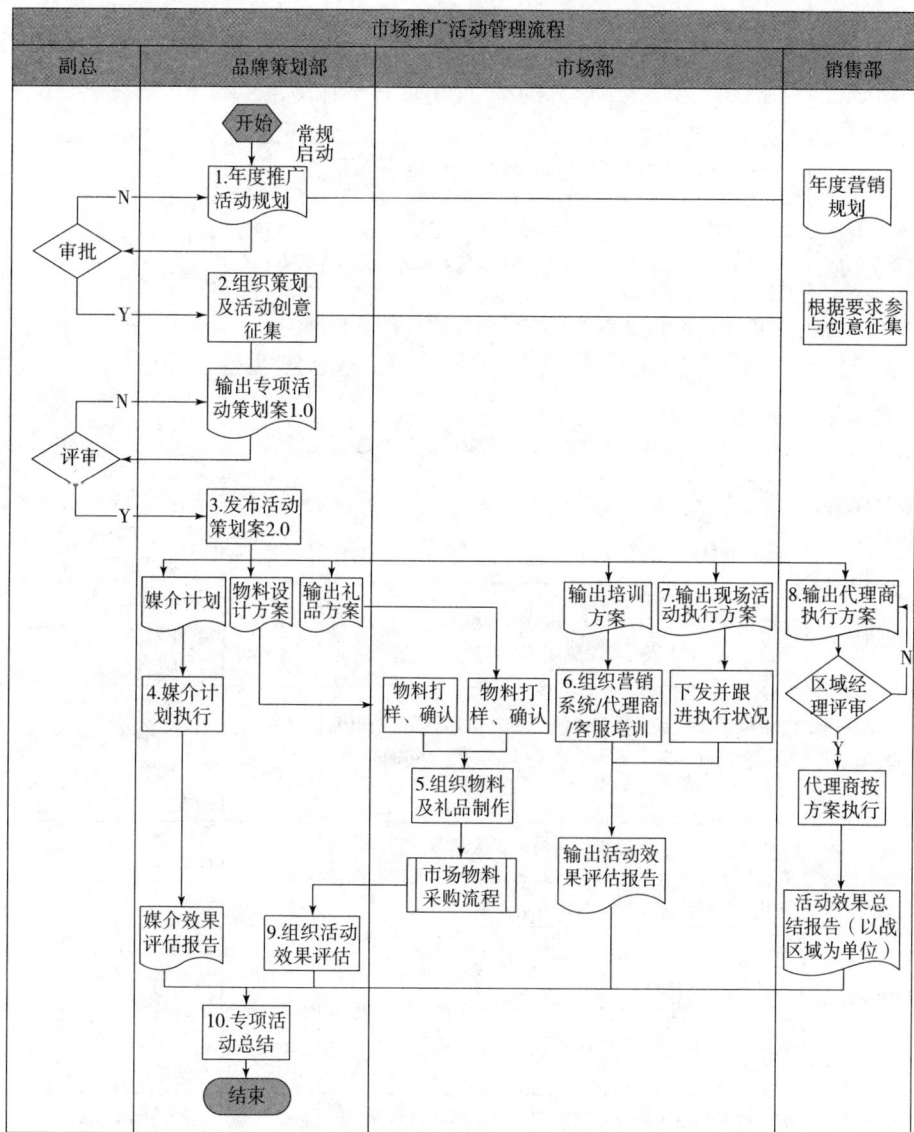

图6-1 市场推广活动管理流程图

第二部分：市场推广活动管理流程核心步骤说明及风险点控制（表6-9）

表6-9　市场推广活动管理流程核心步骤说明及风险点控制

流程核心步骤	核心步骤说明	流程风险点	相关制度/文件	相关表单
年度推广活动规划	由销售部提供年度营销规划，品牌策划部发起，做出年度推广活动规划，提交给营销副总审批，审批通过，启动年度不同时节的促销活动准备		"年度促销活动规划"	
组织策划及活动创意征集	依据年度推广活动规划，品牌策划部确认当期需策划的推广活动需求后，发动销售部、市场部，就当期活动创意提出建议			
输出并发布专项活动策划案	（1）品牌策划部输出专项活动策划案，并发起会议，总裁、营销副总参加，对方案（活动主题、形式、活动物料种类、数量等）进行评审 （2）评审通过，品牌策划部对应岗位开始进入媒介方案准备、活动物料设计、礼品方案落实等工作 （3）市场部对应输出培训方案、活动现场执行方案 （4）销售部对应输出代理商执行方案	策划方案不切合实际	"整合营销传播策划方案"	
媒介计划执行	针对活动特性，媒介主管落实对应的媒介计划，邀约媒介洽谈，核实广告排期，发布媒体广告上线通知		"广告排期表""广告上线通知"	
组织物料和礼品制作	根据物料和礼品计划，与采购部接洽，找样、安排供应商打样、确认样品		"样品确认书""市场物料制作申请表"	
组织培训	由市场部根据活动方案开发培训课件，并组织针对营销系统、代理商、客服的培训计划	培训组织不到位	"整合营销传播策划方案"（培训教案）	
输出现场活动执行方案	由市场部按照"整合营销传播策划方案"，输出现场活动执行方案，下发给销售部、省代，并跟进执行状态		"整合营销传播策划方案"（现场活动执行方案）	
输出代理商执行活动方案	由销售部与各区域省代沟通，省代依据"整合营销传播策划方案"出当地执行方案，报大区经理审批，审批通过后代理商执行活动方案			
组织活动效果评估	由媒介主管输出针对活动的"媒介效果评估报告"、市场部输出"市场活动效果评估报告"，以区域为单位输出省代的"活动效果总结报告"	现场活动执行不到位	"媒介效果评估报告""市场活动效果评估报告""活动效果总结报告"	
专项活动总结	品牌策划部汇集各方提供的总结，组织召开专项活动总结报告会议		"专项活动总结报告"	

第三部分：市场推广活动管理流程相关表单（无）

第四部分：市场推广活动管理流程绩效指标（表6-10）

表6-10　市场推广活动管理流程绩效指标

序号	流程绩效指标	相关部门
1	市场推广活动培训覆盖率	品牌策划部、市场部、销售部、代理商
2	市场推广活动有效执行率	品牌策划部、市场部、销售部、代理商
3	市场推广活动有效性评价	品牌策划部、市场部、销售部、代理商

第五部分：市场推广活动管理流程权限分配（表6-11）

表6-11　市场推广活动管理流程权限分配表

序号	分权事项	提案	审核		批准	知会
			初审	会审		
1	年度推广活动规划	品牌推广经理			营销副总	市场部、销售部、代理商
2	专项活动策划案1.0	品牌推广经理		市场部、销售部	营销副总	代理商
3	专项活动策划案2.0	品牌推广经理			营销副总	采购部、市场部、销售部、客户服务部、代理商
4	专项活动代理商执行方案	代理商	大区经理	品牌策划部、市场部、销售部	营销副总	

（2）深圳某企业销售产品定价流程。

第一部分：销售产品定价流程图（图6-2）

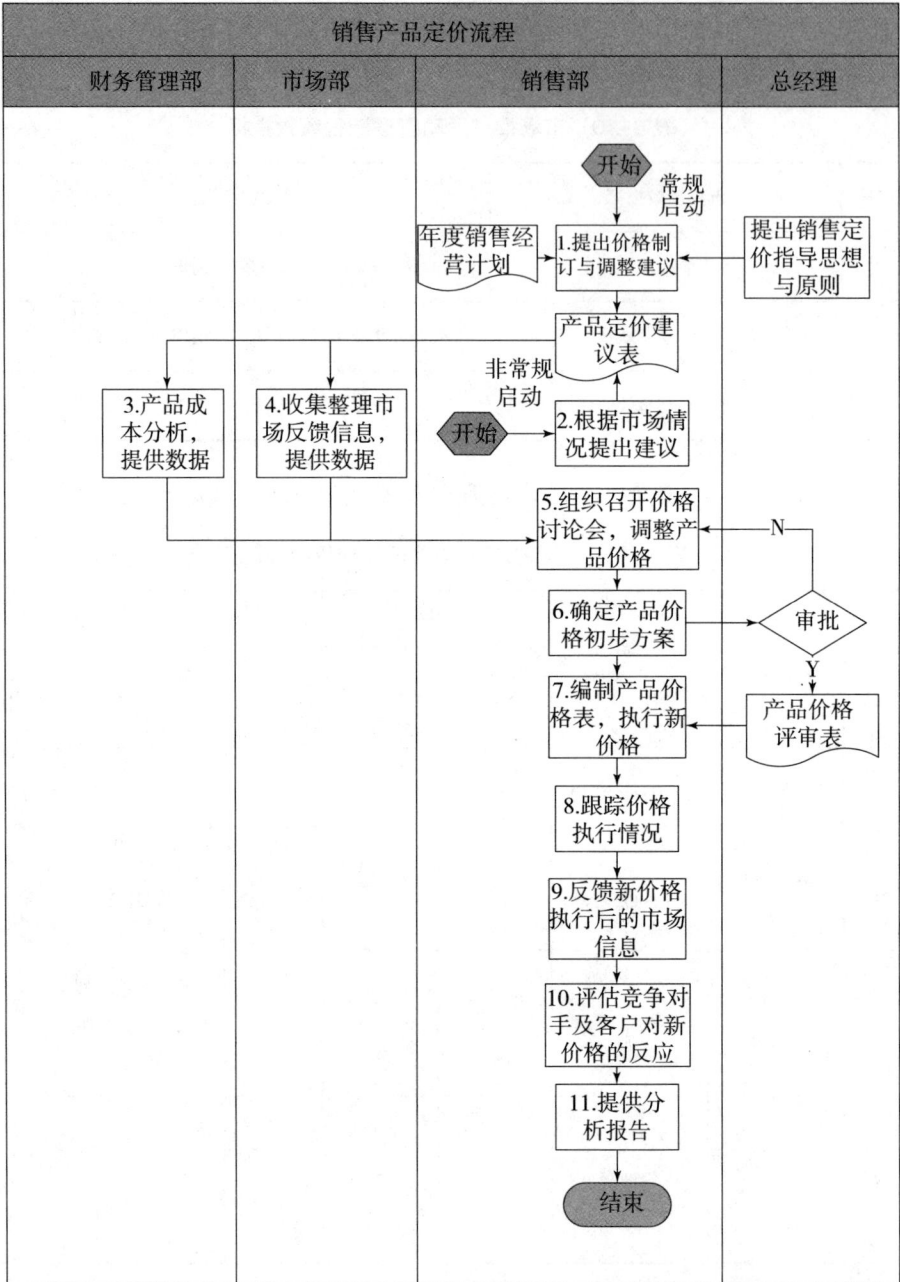

图 6-2　销售产品定价流程

第二部分：销售产品定价流程核心步骤说明及风险点控制（表 6-12）

表 6-12 销售产品定价流程核心步骤说明及风险点控制

流程核心步骤	核心步骤说明	流程风险点	相关制度 / 文件	相关表单
提出价格制订与调整建议	销售部门根据公司年度销售计划及销售定价指导方针，定期启动常规产品调价及定价活动			"产品定价建议表"
根据市场情况提出建议	业务员根据市场变化情况，提出对部分产品的非常规调价及定价建议			
产品成本分析，提供数据	财务部根据所提出的产品价格初步建议，进行产品收益性分析	产品成本不准确或产品成本波动反馈不及时		
收集整理市场反馈信息，提供数据	市场部对市场信息进行综合分析，对产品初步价格提供相关数据			
组织召开价格讨论会，调整产品价格	销售部组织开展跨部门联合评审，对产品价格进行修正、平衡和调整			
确定产品价格初步方案	销售部门确定产品价格初步方案，报总经理审批			
编制产品价格表，执行新价格	编制新的产品价格表，分发给各业务员及相关部门，并开始执行	新老产品价格执行时间与标准不一致		"产品价格评审表"
跟踪价格执行情况	销售部对产品价格是否准确、如实执行进行监督	新价格执行监督不力		
反馈新价格执行后的市场信息	业务经理对产品新价格的市场反应进行反馈			
评估竞争对手及客户对新价格的反应	销售部根据市场反馈信息，预测竞争对手行动，做好预防措施			"产品定价评估反馈表"
提供分析报告	销售部定期对产品价格执行后的情况进行总结分析，出具报告			

第三部分：销售产品定价流程相关表单（表6-13、表6-14）

表6-13 产品定价建议表

产品名称		产品规格			
建议人		建议时间			
定价类型	□新产品定价		□老产品调价		□试销品定价
同类产品价格状况					
产品名称	包装规格	厂家	批发价格	零售价格	促销支持
产品定价建议					
财务部意见					
市场部意见					
销售部意见					
总经理审批					

表6-14 产品定价评估反馈表

产品名称		产品规格		
定价类型	□新产品定价		□老产品调价	□试销品定价
产品原价格		产品现价格		
经销商对定价反应	□价格偏高	□价格合适		□价格偏低
	反馈描述：			
用户对定价反应	□价格偏高	□价格合适		□价格偏低
	反馈描述：			
竞争对手对定价反应	□价格偏高	□价格合适		□价格偏低
	市场反应：			
产品定价综合影响分析说明				
相关措施建议				
经理意见				

第四部分：销售产品定价流程绩效指标（表6-15）

表6-15 销售产品定价流程绩效指标

序号	流程绩效指标	相关部门
1	产品定价合理性评价（公司盈利能力、销量促进、客户反馈、市场反响）	市场部、财务部、销售部
2	新价格有效执行率	销售部

第五部分：销售产品定价流程权限分配（表6-16）

表6-16 销售产品定价流程权限分配表

序号	分权事项	提案	审核			批准	知会
			初审	审核	会审		
1	产品价格表	销售经理			市场部、财务部、营销副总	总经理	
2	临时调价申请	区域经理	销售经理	财务部		营销副总	
3	促销价格调整申请	市场经理	销售经理	财务部		营销副总	区域经理、代理商

（3）深圳某企业销售合同评审流程。

第一部分：销售合同评审流程图（图6-3）

销售合同评审流程	
法务部	销售部

年度销售经营计划

开始
常规启动

1.业务经理与客户谈判，达成合同意向

进行常规格式销售合同制订与修改 ← 参与格式合同制定与讨论 ← 合同管理员接收经销商相关信息 ←Y― 2.大区经理审核 ―N↑

3.合同管理员对经销商信用进行评价 ← 客户数据库

常规格式销售合同

结束 ← 反馈给业务经理进行处理 ←N― 批准
↓Y

合同管理员保管空白格式合同 ← 4.合同管理员发出格式合同 ← 5.业务经理与经销商草签合同

7.相关担保手续的审核 ←Y― 是否担保 ← 6.发回合同给合同管理员
↓N

8.合同管理员进行单独合同评审

结束

9.批准 ―N→ 业务经理反馈相关信息给经销商
↓Y

10.合同签字盖章 → 11.业务经理执行合同

结束 ← 合同存档 ← 12.合同管理员监督合同执行

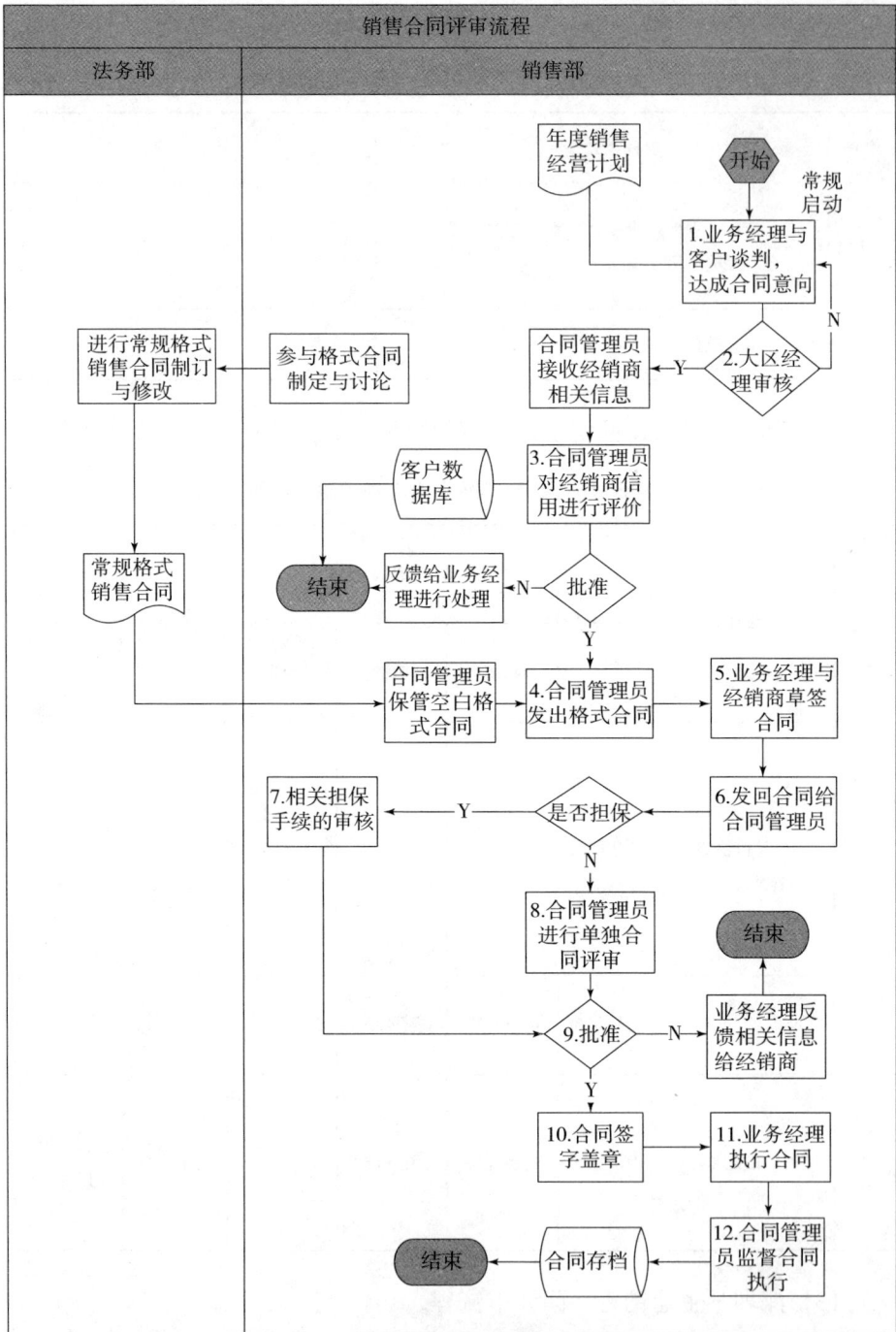

图6-3　销售合同评审流程图

第二部分：销售合同评审流程核心步骤说明及风险点控制（表6-17）

表6-17 销售合同评审流程核心步骤说明及风险点控制

流程核心步骤	核心步骤说明	流程风险点	相关制度/文件	相关表单
业务经理与客户谈判，达成合同意向	业务经理与客户谈判，初步达成合同意向（包括产品种类、数量、金额等）	合同内容谈判不清晰		
大区经理审核	大区经理对合同意向进行审核，对关键内容进行确认			
合同管理员对经销商信用进行评价	合同管理员利用公司数据库对经销商进行信用审查			
合同管理员发出格式合同	对于合格经销商，合同管理员向其业务员发出格式合同		"常规销售合同"	
业务经理与经销商草签合同	业务员与经销商草签合同，经销商填写完成合同相关要项			
发回合同给合同管理员	业务经理将草签后的合同发回给合同管理员审核			
相关担保手续的审核	对于滚动销售合同，由法务部和合同管理员共同对其担保手续进行审查	担保手续不全		
合同管理员进行单独合同评审	对现金合同，由合同管理员对其进行单独评审			
是否批准	合同管理员对合同进行评审，若合同评审不通过，及时通知业务经理，业务经理与经销商及时沟通			
合同签字盖章	合同管理员对合格合同签字盖章，并发给经销商，经销商接收到合同后反馈相关信息给合同管理员	合同签订不规范		"销售合同汇总表"
业务经理执行合同	业务员按照合同规定与经销商进行销售服务、售后服务等			
合同管理员监督合同执行	合同管理员对合同执行情况进行监督			

第三部分：销售合同评审流程相关表单（表6-18）

表 6-18　销售合同汇总表

序号	合同编号	合同基本信息				合同说明		
		经销商名称	负责人	联系电话	所属大区	现金合同	滚动合同	合同金额

第四部分：销售合同评审流程绩效指标（表6-19）

表 6-19　销售合同评审流程绩效指标

序号	流程绩效指标	相关部门
1	销售合同评审违规次数	销售部、法务部
2	销售合同有效履行率	销售部

第五部分：销售合同评审流程权限分配（表6-20）

表 6-20　销售合同评审流程权限分配表

序号	分权事项	提案	审核			批准	知会
			初审	审核	会审		
1	销售合同模板	法务部				销售经理	
2	销售合同意向	业务经理				大区经理	
3	销售合同盖章	业务经理	大区经理	销售经理		合同管理员	

（4）深圳某企业新产品规划流程。

第一部分：新产品规划流程图（图6-4）

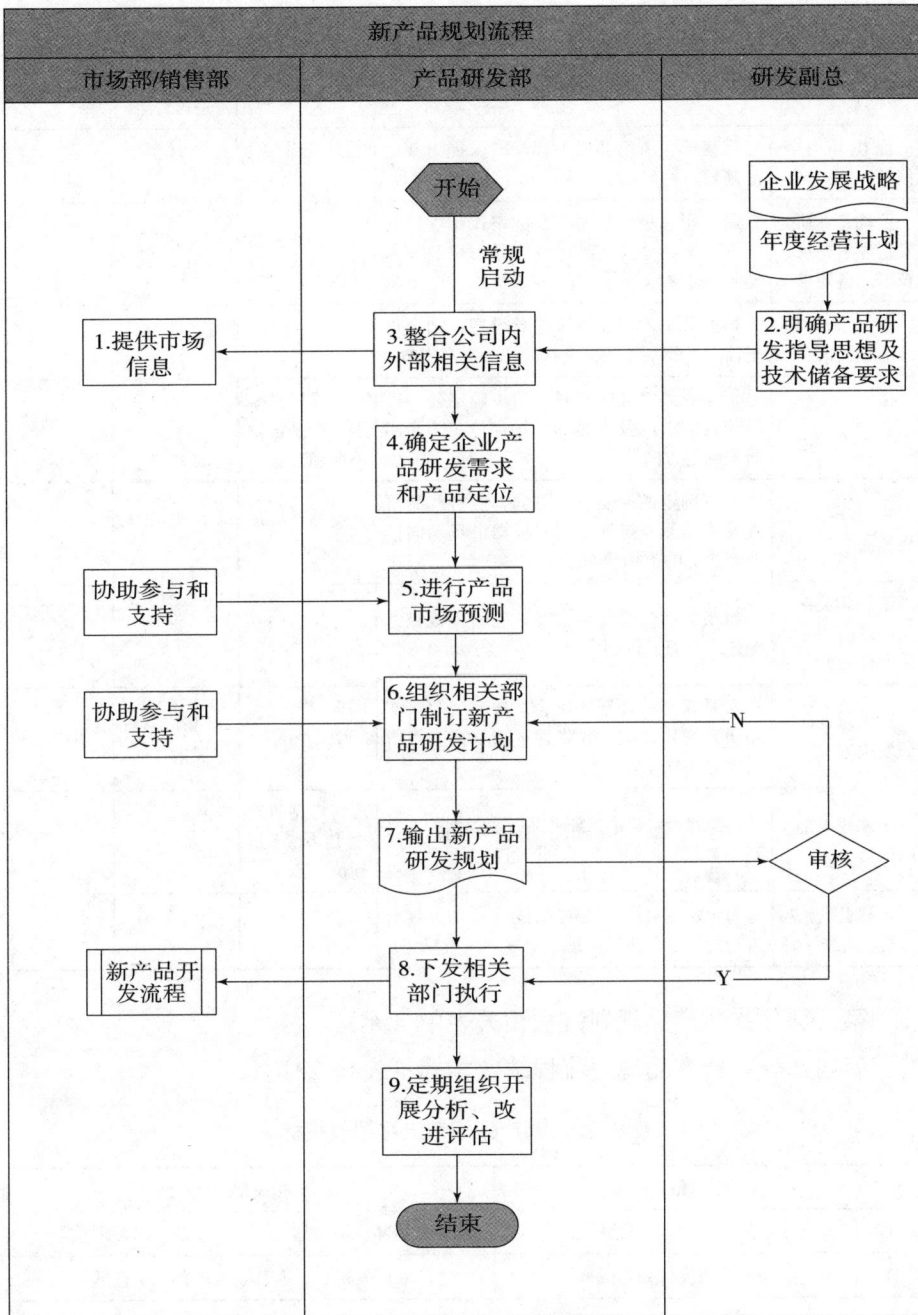

新产品规划流程		
市场部/销售部	产品研发部	研发副总

开始

企业发展战略

年度经营计划

常规启动

1.提供市场信息

3.整合公司内外部相关信息

2.明确产品研发指导思想及技术储备要求

4.确定企业产品研发需求和产品定位

协助参与和支持

5.进行产品市场预测

协助参与和支持

6.组织相关部门制订新产品研发计划

N

7.输出新产品研发规划

审核

新产品开发流程

8.下发相关部门执行

Y

9.定期组织开展分析、改进评估

结束

图6-4 深圳某企业新产品规划流程图

第二部分：新产品规划流程核心步骤说明及风险点控制（表6-21）

表6-21　新产品规划流程核心步骤说明及风险点控制

流程核心步骤	核心步骤说明	流程风险点	相关制度/文件	相关表单
提供市场信息	销售部、市场部根据部门需求提出新产品规划相关信息			
明确产品研发指导思想及技术储备要求	研发副总根据公司产品战略及年度经营计划，明确公司产品研发指导思想及技术储备具体要求	产品研发指导思想不明确		
整合公司内外部相关信息	根据公司的产品研发指导思想，结合市场需求，收集整理相关新产品与市场资料			
确定产品研发需求和产品定位	根据收集整理的资料，初步确定公司产品研发需求以及产品的市场定位，为产品研发确定方向	产品研发需求及产品定位不明确		
进行产品市场预测	根据确定的产品研发方向，进行产品研发发展预测及推演，同时根据市场动向推演新产品的市场预期	产品市场预测不准确		
组织相关部门制订新产品研发计划	组织各部门制订公司新产品研发规划，确定产品研发计划			
输出新产品研发规划	召开新产品规划评审会，分解说明新产品研发规划方案，并将评审结果报主管研发副总、总经理审批		"新产品研发规划"	
下发相关部门执行	将总经理批准的"新产品研发规划"下发到相关部门，并由相关部门进行立项执行	新产品研发规划执行不到位		
定期组织开展分析、改进评估	每年定期组织相关部门对新产品研发规划进行检讨、分析及奖惩，对规划进行修正			

第三部分：新产品规划流程相关表单（无）

第四部分：新产品规划流程绩效指标（表6-22）

表6-22　新产品规划流程绩效指标

序号	流程绩效指标	相关部门
1	新产品规划合理性	市场部、销售部、产品研发部、研发副总
2	新产品研发计划达成率	产品研发部、采购部、生产部、工艺部等

第五部分：新产品规划流程权限分配（表6-23）

表 6-23　新产品规划流程权限分配表

序号	分权事项	提案	审核		批准	知会
			初审	会审		
1	新产品研发规划	产品研发部		市场部、销售部、采购部、生产部、工艺部、研发副总	产品委员会	总经理

（5）深圳某企业产品工艺管理流程。

第一部分：产品工艺管理流程图（图 6-5）

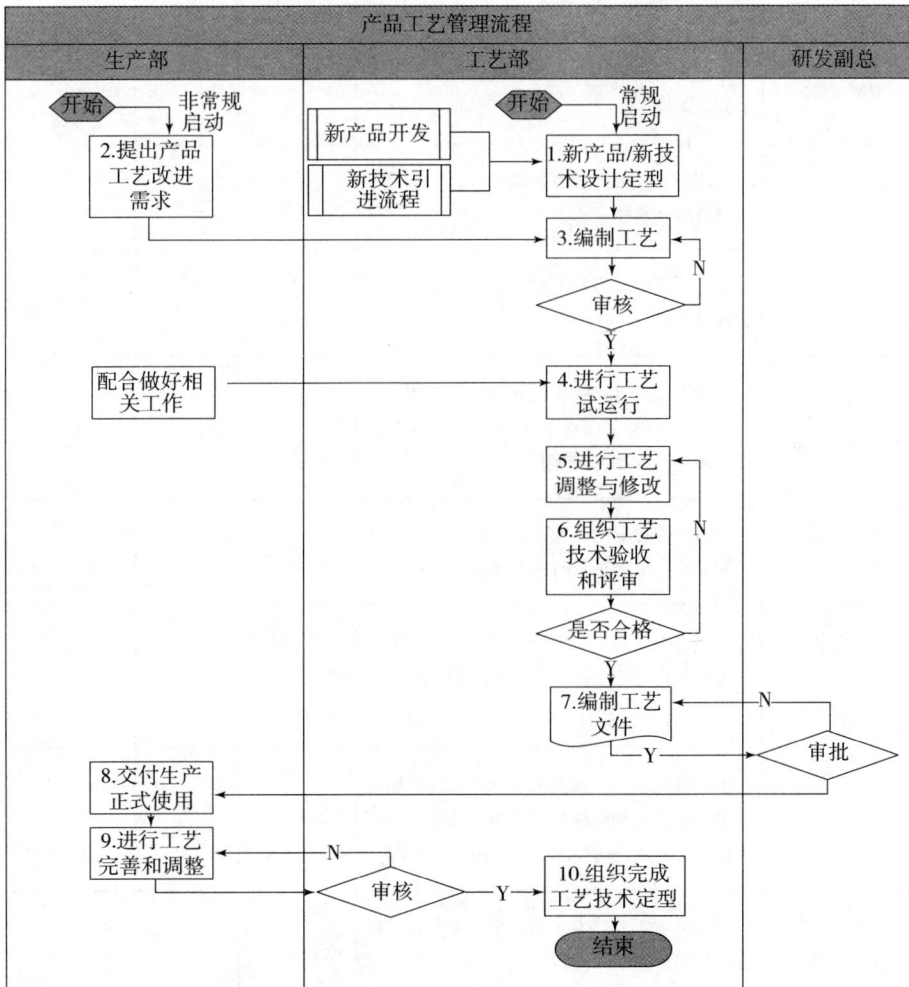

图 6-5　产品工艺管理流程图

第二部分：产品工艺管理流程核心步骤说明及风险点控制（表6-24）

表6-24　产品工艺管理流程核心步骤说明及风险点控制

流程核心步骤	核心步骤说明	流程风险点	相关制度／文件	相关表单
新产品／新技术设计定型	新产品设计定型，确定产品的成分、工艺配比、生产制造过程等			
提出产品工艺改进需求	生产部在生产制造过程中，提出对工艺流程的改进，并填写《工艺改进申请单》，由工艺部调查确定是否改进			"工艺改进申请单"
编制工艺	编制各阶段的工艺流程，指导生产，并由工艺部审核			
进行工艺试运行	对改进设计的工艺进行试运行，以检验工艺改进的有效性			
进行工艺调整与修改	通过工艺的试运行，对工艺流程及相关参数进行调整与优化	工艺参数调试不准		
组织工艺技术验收和评审	对于关键的、影响面比较大的工艺改进，需要组织相关部门对其进行技术验收与评审，确定改进效果与改进效益	工艺评审不全面		
编制工艺文件	经过技术评审的工艺改进，由工艺部编制工艺文件，呈交研发副总审批			
交付生产正式使用	工艺技术文件交付生产部进行正式使用	生产过程中工艺监控不到位		
进行工艺完善和调整	生产部操作人员及相关技术人员在使用过程中所做的完善与调整，需由工艺部审批方可进行，以便严格控制工艺操作			
组织完成工艺技术定型	组织完成工艺技术定型，形成工艺技术资料，存档备查			

第三部分：产品工艺管理流程相关表单（表6-25）

表6-25　工艺改进申请单

申请部门		申请人员	
申请时间		联系方式	
具体工艺申请内容			
申请工艺理由	现有工艺状况描述：		
	现有工艺影响分析：		
工艺改进思路与建议			
工艺部审批意见			

第四部分：产品工艺管理流程绩效指标（表6-26）

表6-26　产品工艺管理流程绩效指标

序号	流程绩效指标	相关部门
1	工艺有效执行率	工艺部、生产部
2	产品工艺有效性评价	工艺部、生产部

第五部分：产品工艺管理流程权限分配（表6-27）

表6-27　产品工艺管理流程权限分配表

序号	分权事项	提案	审核			批准	知会
			初审	审核	会审		
1	工艺文件	工艺部				研发副总	生产部

（6）深圳某企业新产品上市管理流程。

第一部分：新产品上市管理流程图（表6-6）

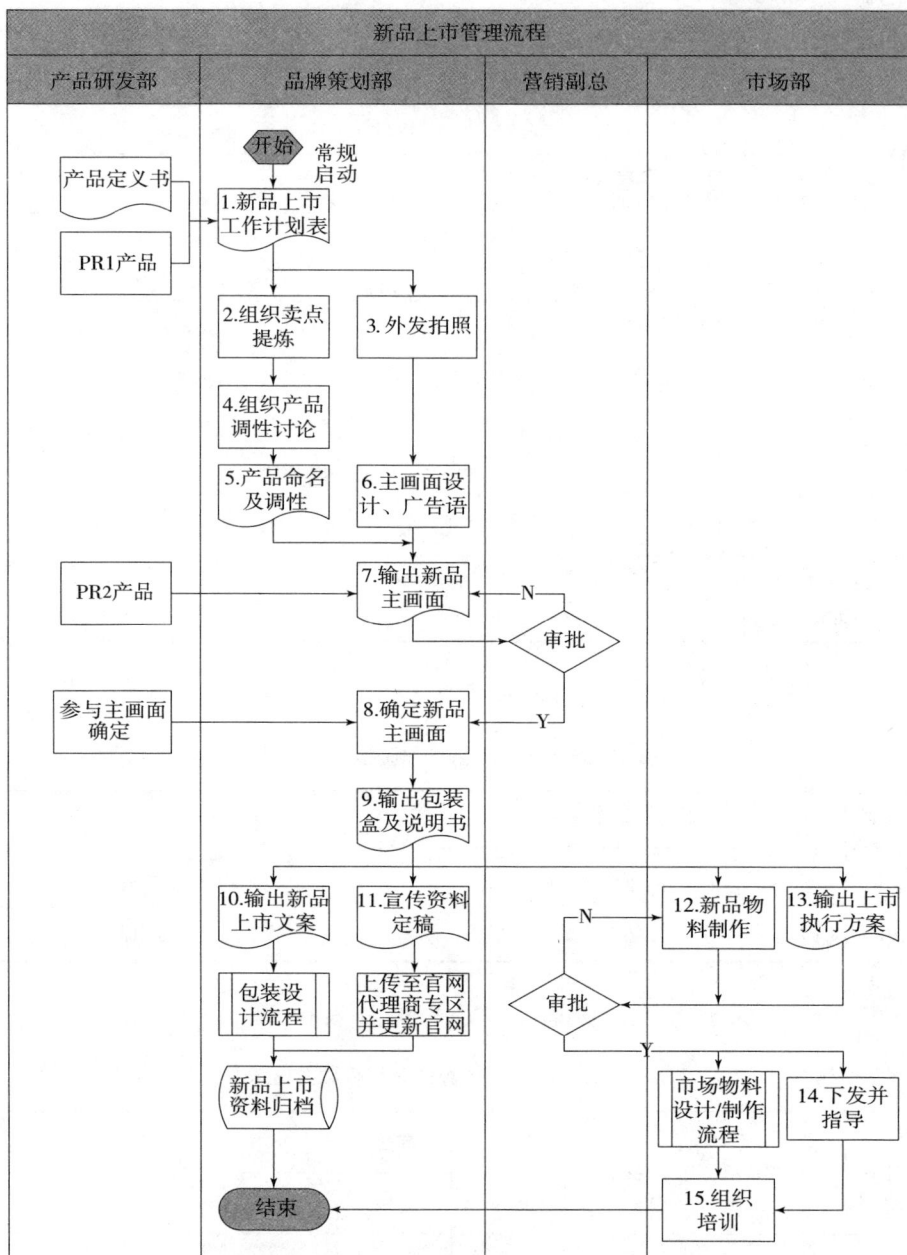

图6-6 深圳某企业新产品上市管理流程图

第二部分：新产品上市管理流程核心步骤说明及风险点控制（表6-28）

表 6-28　新产品上市管理流程核心步骤说明及风险点控制

流程核心步骤	核心步骤说明	流程风险点	相关制度/文件	相关表单
新品上市工作计划表	品牌策划部根据产品定义书和产品研发部输出的PR1产品，3个工作日内制定"新品上市工作计划表"		"新品上市工作计划表"	
组织卖点提炼	品牌策划部组织新品卖点提炼	卖点把握不准		
外发拍照	品牌策划部将新产品送摄影公司拍照，并提供拍摄要求			
组织产品调性讨论	品牌策划部组织召开产品调性讨论会议，确定产品命名及传播调性			
产品命名及调性	根据会议研讨结果，品牌策划部输出产品命名及传播调性	新品宣传调性把握不准		
主画面设计、广告语	品牌策划部根据产品命名和调性，结合摄影公司的产品拍照图，做出主画面设计图和广告语			
输出新品主画面	品牌策划部根据主画面、广告语，结合PR2产品情况，输出新品主画面			
确定新品主画面	主画面输出后征集相关人员意见，经营销副总审定			
输出包装盒及说明书	品牌策划部根据确定的新品主画面，输出包装盒及说明书			
输出新品上市文案	品牌策划部输出新品上市文案（包括产品宣传调性、核心卖点、产品图片、主画面、上市活动主创意点等）	新品上市文案评审把控不严	"新品上市文案"	
宣传资料定稿	品牌策划部输出市场物料完稿			
新品物料制作	市场部输出"物料采购申请表"，并跟进制作			

流程核心步骤	核心步骤说明	流程风险点	相关制度/文件	相关表单
输出新品上市执行方案	市场部输出新品上市执行方案，并提交营销副总审批			
下发并指导	市场部下发新品上市执行方案后，指导代理商实施	新品上市执行方案执行不到位		"新品上市执行方案"
组织培训	由市场部组织在全国范围内进行培训	新品培训无效		

第三部分：新产品上市管理流程相关表单（无）

第四部分：新产品上市管理流程绩效指标（表6-29）

表6-29　新产品上市管理流程绩效指标

流程绩效指标	相关部门
新品上市目标达成率	市场部、产品研发部、销售部

第五部分：新产品上市管理流程权限分配（表6-30）

表6-30　新产品上市管理流程权限分配表

序号	分权事项	提案	审核			批准	知会
			初审	审核	会审		
1	新品主画面方案	品牌策划部				营销副总	
2	新品上市方案	市场部				营销副总	销售部

（7）深圳某企业合格供应商管理流程。

第一部分：合格供应商管理流程图（图6-7）

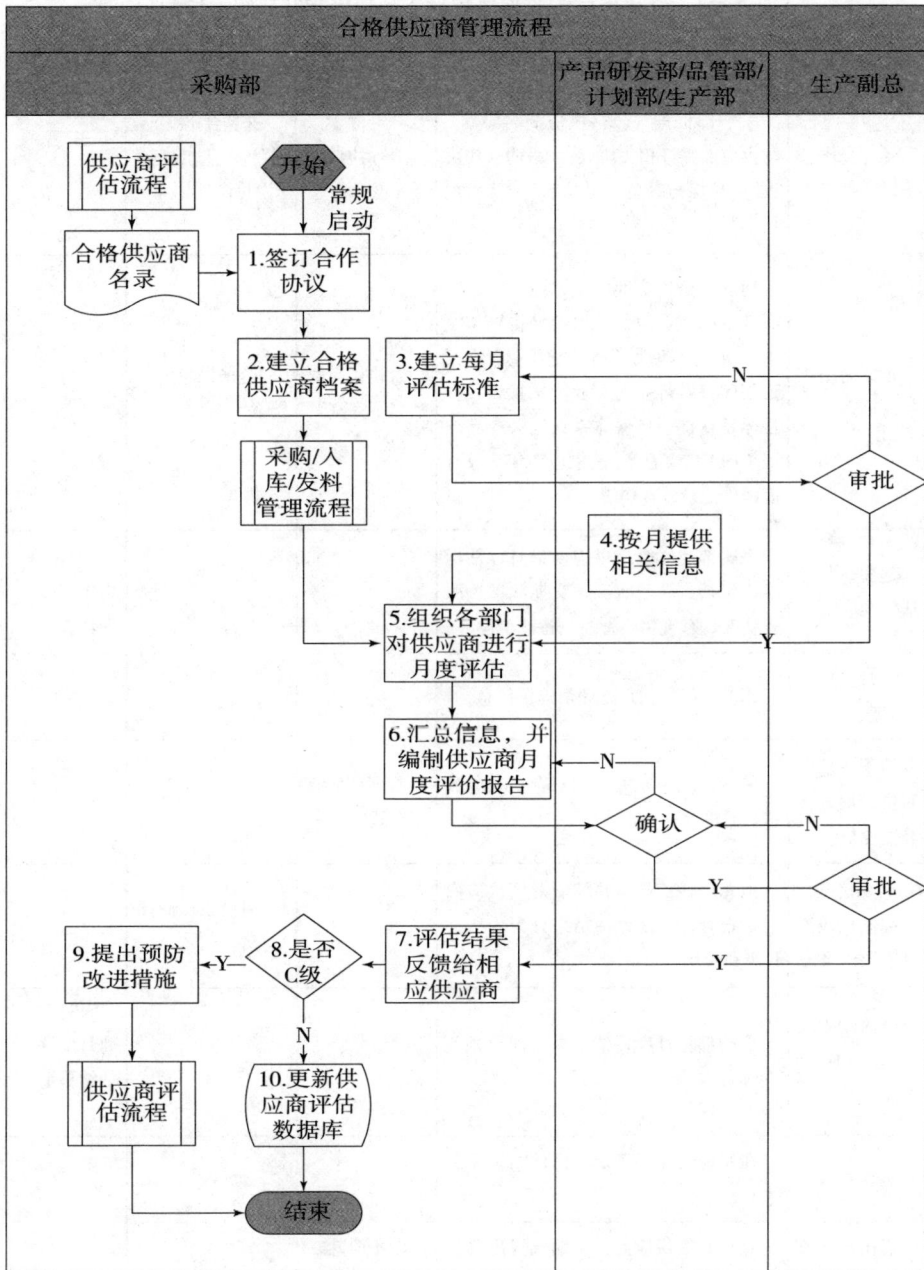

图 6-7　深圳某企业合格供应商管理流程图

第二部分：合格供应商管理流程核心步骤说明及风险点控制（表6-31）

表 6-31 合格供应商管理流程核心步骤说明及风险点控制

流程核心步骤	核心步骤说明	流程风险点	相关制度/文件	相关表单
签订合作协议	采购部根据"合格供应商名录"，与供应商签订相关协议："采购合作协议""环保与绿色产品协议""技术规格书"	合作协议条款审核不严	"采购合作协议""环保与绿色产品协议""技术规格书"	
建立合格供应商档案	建立合格供应商档案，包括：供应商基本调查表、公司组织结构框架、营业执照复印件、公司经营生产许可证复印件、行业内专业测试报告、质量体系认证、环保体系认证、产品认证（如 UL 认证等）、供应商年度及月度评价记录、合作协议	合格供应商档案不完整	"合格供应商档案"	
建立每月评估标准	采购部建立合格供应商每月评估标准，包括：品质状况、交期状况、服务状况、有害物质管控、特殊事件			"月度合格供应商评估表"
按月提供相关信息	相关部门根据月度评估提供信息			
组织各部门对供应商进行月度评估	采购部组织相关部门对合格供应商进行月度评估	月度评估流于形式		
汇总信息，并编制供应商月度评价报告	汇总评估信息，并编制月度供应商评估报告，月度评估结果分为 A 级、B 级和 C 级		"月度供应商评估报告"	
评估结果反馈给相应供应商	采购部将月度评估结果反馈给相关供应商			"供应商月度评估结果汇总表"
是否 C 级	在反馈时需要确定，评估结果是否为 C 级			
提出预防改进措施	对于 C 级供应商，采购部提出预防改进措施，并跟踪预防措施落实状况	C 级供应商改善措施无效		
更新供应商评估数据库	采购部随时更新供应商评估数据库			

第三部分：合格供应商管理流程相关表单（表6-32）

表6-32　供应商月度评估结果汇总表

序号	供应产品	供应商代号	供应商名称	月度评价等级	备注

第四部分：合格供应商管理流程绩效指标（表6-33）

表6-33　合格供应商管理流程绩效指标

序号	流程绩效指标	相关部门
1	合格供应商签约率	采购部
2	合格供应商档案齐备率	采购部
3	合格供应商月度评价的科学性、合理性	采购部、计划部、生产部

第五部分：合格供应商管理流程权限分配（表6-34）

表6-34　合格供应商管理流程权限分配表

序号	分权事项	提案	审核			批准	知会
			初审	审核	会审		
1	月度供应商评估计划	采购部			生产部、计划部、品管部	生产副总	
2	月度供应商评估报告	采购部				生产副总	生产部、计划部、品管部
3	供应商淘汰名录	采购部			生产部、计划部、品管部	生产副总	

（8）深圳某企业采购计划管理流程。

第一部分：采购计划管理流程图（图6-8）

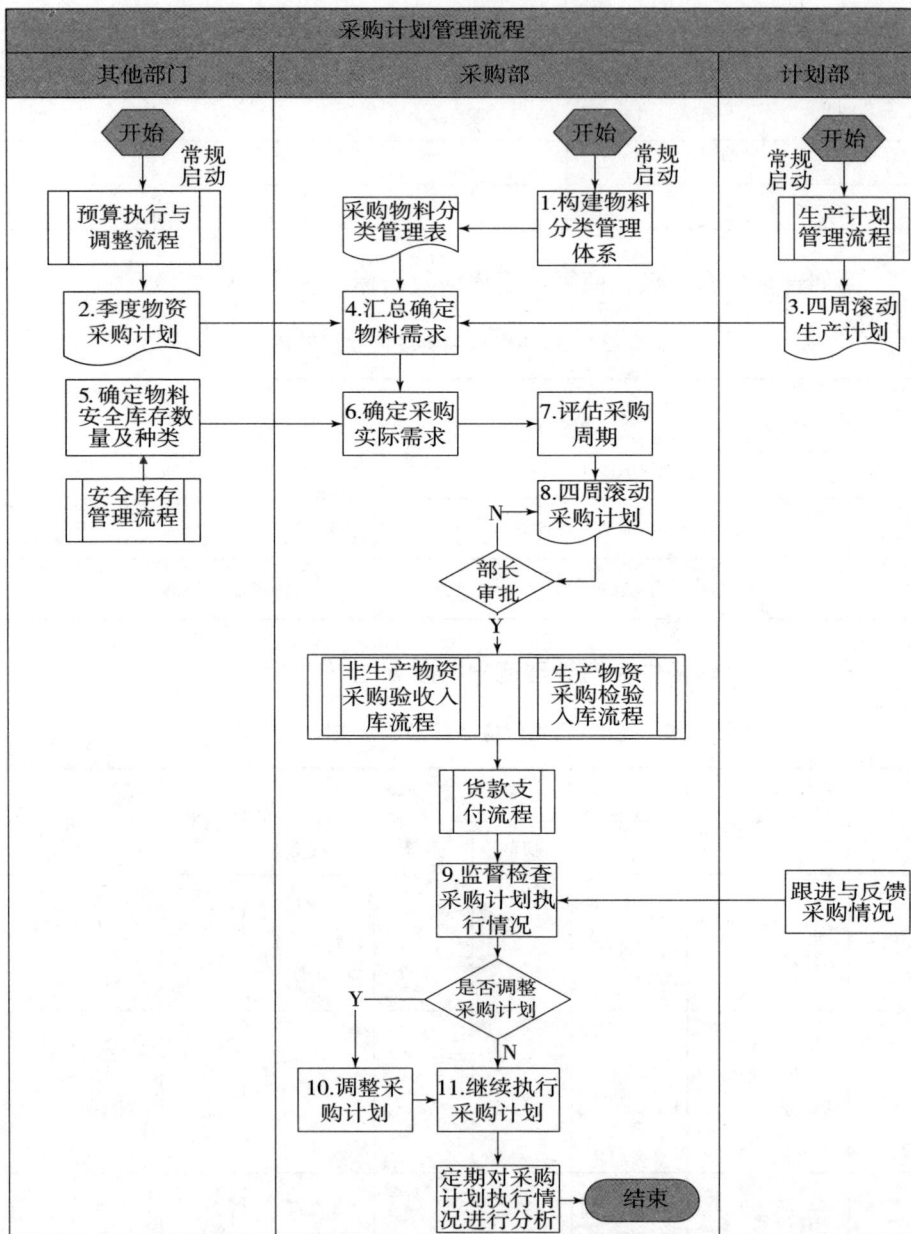

图6-8　深圳某企业采购计划管理流程图

第二部分：采购计划管理流程核心步骤说明及风险点控制（表6-35）

表6-35 采购计划管理流程核心步骤说明及风险点控制

流程核心步骤	核心步骤说明	流程风险点	相关制度／文件	相关表单
构建物料分类管理体系	采购部根据公司的物料需求采购特点，建立物料分类管理体系，并制定相关管理表格	物料分类标准不合理	"采购物料分类"	
季度物资采购计划	公司相关部门结合自身实际运作需要，根据预算执行与调整流程，制订部门的季度物资采购计划		"季度物资采购计划"	
四周滚动生产计划	计划部根据生产计划管理流程，提供四周滚动生产计划	滚动生产计划不准确	"滚动采购周计划"	
汇总确定物料需求	采购部根据计划部滚动生产计划和其他部门季度物资采购计划，汇总确定公司的物料整体需求			
确定物料安全库存数量及种类	财务部、材料仓库根据公司物料安全库存管理的规定，确定相关物料安全库存种类及数量	安全库存标准不合理	"安全库存标准"	
确定采购实际需求	采购部采购计划员根据物料库存信息和安全库存要求，在综合分析物料需求的基础上，确定实际物料采购需求			
评估采购周期	采购部采购人员评估相关物料的采购周期			
四周滚动采购计划	采购计划员制订部门的四周滚动采购计划，并报部长审批。若部长审批不同意，则重新制订相关滚动采购计划	采购计划不准确		
监督检查采购计划执行情况	采购部对采购人员的行为及计划执行情况进行过程监督			"物料采购跟催单"
调整采购计划	如需要对采购计划进行调整，由采购部门内部进行采购计划的调整			
继续执行采购计划	如不需要对采购计划进行调整，则按照原采购计划继续执行			

第三部分：采购计划管理流程相关表单（表6-36）

表6-36　物料采购跟催单

序号	物料编号	物料名称	物料规格	物料种类	负责业务员	计划采购数量	未到位物料数量	计划进料日	实际进料日			异常原因说明
									1	2	3	

第四部分：采购计划管理流程绩效指标（表6-37）

表6-37　采购计划管理流程绩效指标

序号	流程绩效指标	相关部门
1	采购计划达成率	采购部、计划部
2	物料齐套率	采购部、计划部

第五部分：采购计划管理流程权限分配（表6-38）

表6-38　采购计划管理流程权限分配表

序号	分权事项	提案	审核			批准	知会
			初审	审核	会审		
1	四周滚动采购计划	采购部			计划部、生产部、仓储部	生产副总	
2	采购计划调整申请	采购部				生产副总	计划部、生产部、仓储部

（9）深圳某企业物料采购管理流程。

第一部分：物料采购管理流程图（图6-9）

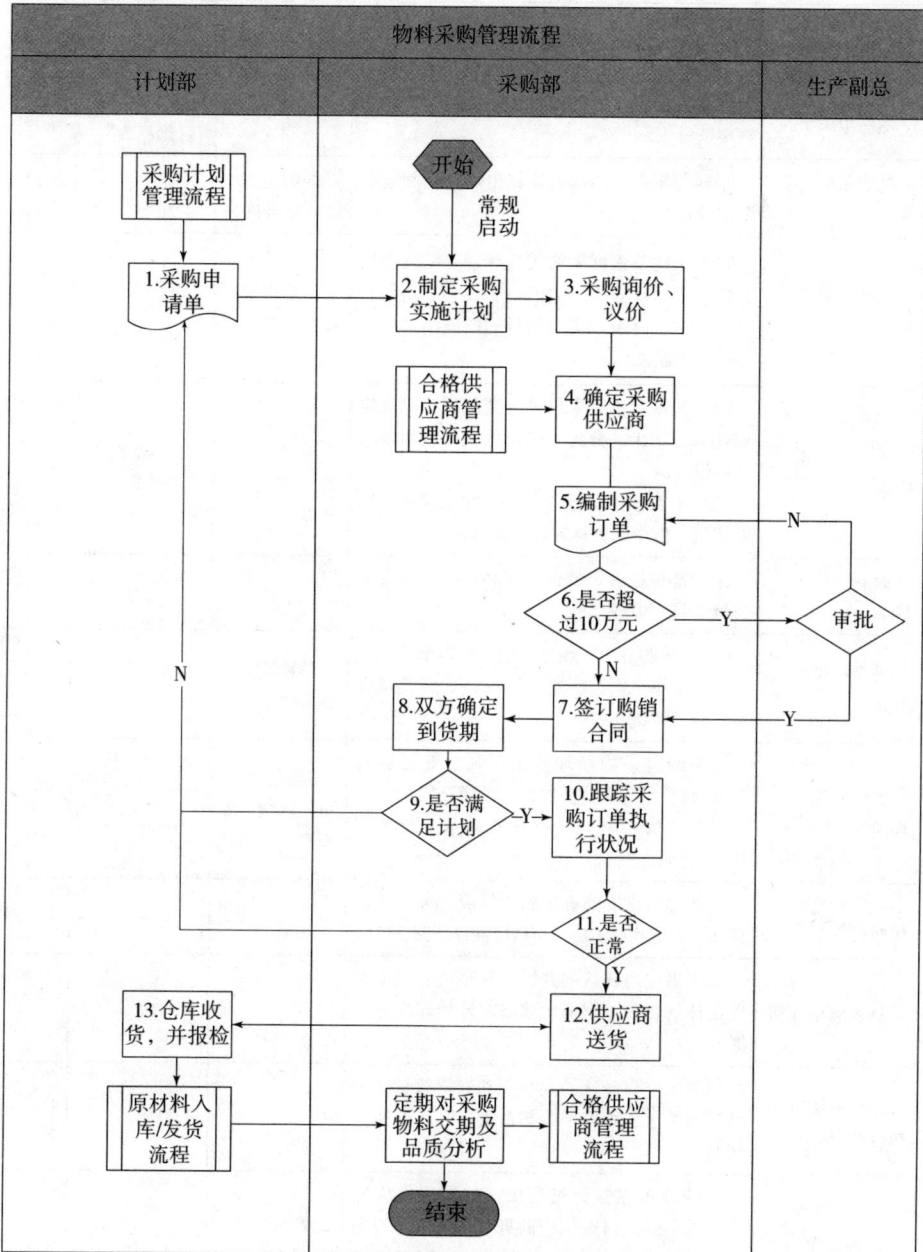

图6-9　深圳某企业物料采购管理流程图

第二部分：物料采购管理流程核心步骤说明及风险点控制（表6-39）

表6-39　物料采购管理流程核心步骤说明及风险点控制

流程核心步骤	核心步骤说明	流程风险点	相关制度/文件	相关表单
采购申请单	计划部根据"采购计划管理流程"编制物料申购计划		"采购计划管理流程"	
制定采购、实施计划	采购部根据计划部的物料申购计划制定采购实施计划	采购实施计划不准确		
采购询价、议价	（1）采购部根据采购实施计划并结合市场行情、订单数量进行询价议价 （2）核心材料或贵重物料的议价结果必须经过生产副总	采购询价审核不严		
确定采购供应商	（1）根据议价结果、供应商品质状况及定期评估的结果，分配相应比例的采购额度给合格供应商 （2）不在合格供应商名录内的供应商，需要按照"供应商管理流程"进行评审	下单供应商不在合格供应商名录中	"供应商管理流程"	
编制采购订单	采购部根据确定的供应商和所分配的采购数量编制"采购订单"			
是否超过10万元	（1）"采购订单"经过采购经理审批 （2）如果采购金额超过10万元，需再递交生产副总审批	超额度采购审核不严		
签订购销合同	（1）经过采购经理或生产副总审批后的"采购订单"与供应商签订"购销合同" （2）非核心材料或贵重材料不需要签订"购销合同"	"购销合同"审核不严		
双方确定到货期	采购部与供应商确定到货情况（包括到货日期、到货数量）后，由供应商签章回传			
是否满足计划	如果供应商确认的到货期和到货数量不能满足计划要求，则采购部需向计划部沟通反馈			
跟踪采购订单执行状况	如果供应商确认的到货期和到货数量能满足计划要求，则由采购部负责跟踪订单执行状况			
是否正常	采购订单在执行过程中，如发现供应异常，采购部及时跟供应商进行沟通，经沟通仍然不能解决的，由采购部向计划部进行反馈	采购供货不正常		

续表

流程核心步骤	核心步骤说明	流程风险点	相关制度/文件	相关表单
供应商送货	对于能够按期供货的，采购部监督供货状况			
仓库收货，并报检	仓储办理入库			

第三部分：物料采购管理流程相关表单（无）

第四部分：物料采购管理流程绩效指标（表6-40）

表6-40 物料采购管理流程绩效指标

序号	流程绩效指标	相关部门
1	物料齐套率	采购部、计划部
2	采购断货次数	采购部
3	物料品质一次交检合格率	采购部

第五部分：物料采购管理流程权限分配（表6-41）

表6-41 物料采购管理流程权限分配表

序号	分权事项	提案	审核			批准	知会
			初审	审核	会审		
1	采购订单（大于10万元）	采购部				生产副总	计划部、生产部、仓储部
2	采购订单（小于10万元）	采购员				采购部负责人	计划部、生产部、仓储部

（10）深圳某企业年度经营预算制定流程。

第一部分：年度经营预算制定流程图（图6-10）

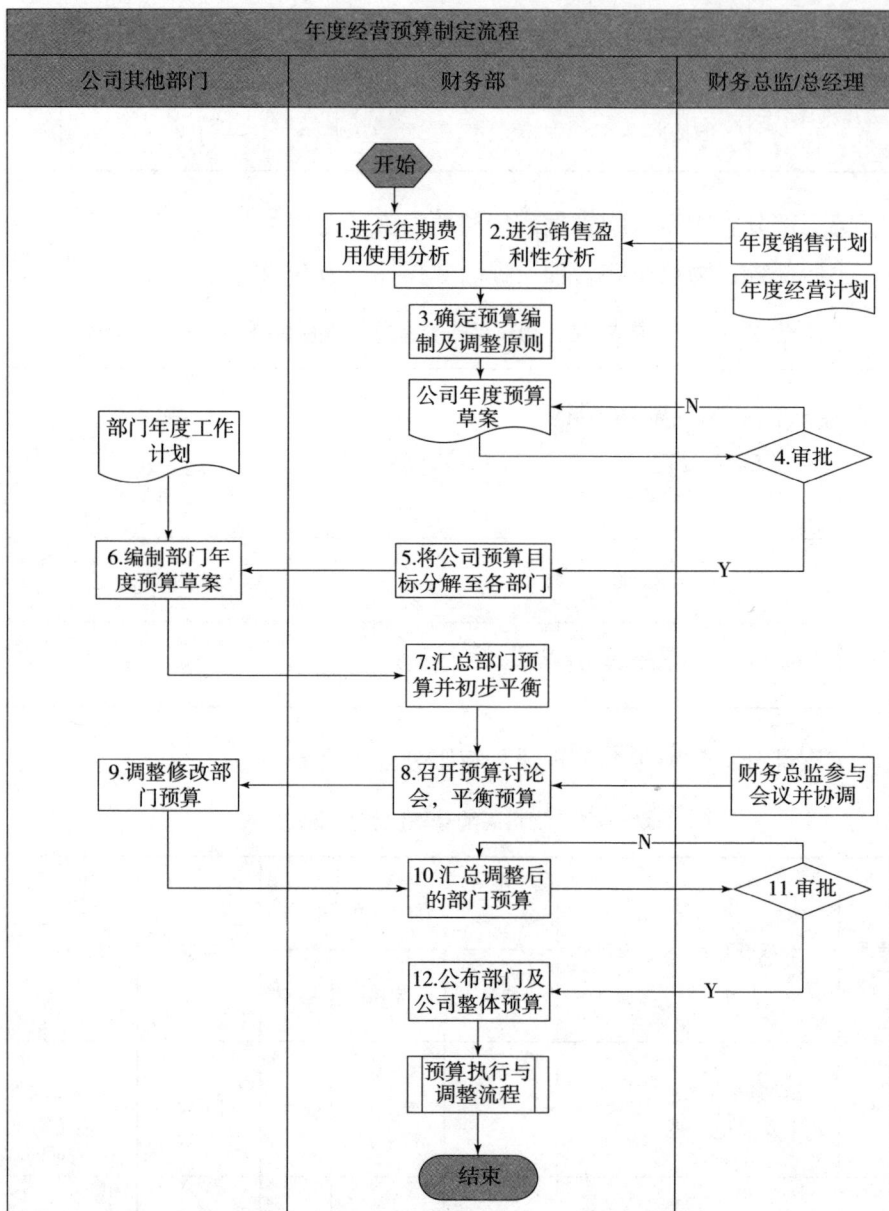

图6-10 深圳某企业年度经营预算制定流程图

第二部分：年度经营预算制定流程核心步骤说明（表6-42）

表 6-42　年度经营预算制定流程核心步骤说明

流程核心步骤	核心步骤说明	相关制度/文件	相关表单
进行往期费用使用分析	财务部对部门往期费用与预算执行情况进行汇总分析		
进行销售盈利性分析	财务部根据公司的销售计划与经营计划要求，对产品未来销售盈利能力和状况进行分析		
确定预算编制及调整原则	根据以上分析，财务部确定公司预算编制的指导思想和原则，并形成公司年度预算草案	"公司预算管理制度"	
审批	总经理对公司预算草案进行审批		
将公司预算目标分解至各部门	财务部下达部门预算要求，将公司预算目标分解至各部门		"公司年度预算管理表"
编制部门年度预算草案	各部门结合部门年度工作计划，按照预算要求制订部门预算		
汇总部门预算并初步平衡	财务部汇总各部门预算草案，并对部门预算进行初步平衡		
召开预算讨论会，平衡预算	财务部召开部门联合评审会议，对初步预算平衡结果进行讨论		
调整修改部门预算	各部门根据会议预算平衡结果，对部门编制的相关预算进行调整		
汇总调整后的部门预算	财务部汇总各部门调整后的预算方案，形成公司预算方案，并报总经理审签		
审批	公司总经理对部门及公司预算方案进行审批，作为正式发布依据		
公布部门及公司整体预算	财务部正式发布相关部门及公司预算方案		

第三部分：年度经营预算制定流程相关表单（略）

第四部分：年度经营预算制定流程绩效指标（表 6-43）

表 6-43　年度经营预算制定流程绩效指标

序号	流程绩效指标	相关部门
1	年度经营预算覆盖率	财务部、销售部、采购部、其他部门
2	年度经营预算合理性、及时性	财务部

第五部分：年度经营预算制定流程权限分配（表 6-44）

表 6-44 年度经营预算制定流程权限分配表

序号	分权事项	提案	审核			批准	知会
			初审	审核	会审		
1	年度经营预算编制草案	财务部	财务总监			经营委员会	各部门
2	年度经营预算	各部门	分管领导	财务总监		经营委员会	各部门

（11）深圳某企业营业收入核算流程。

第一部分：营业收入核算流程图（图6-11）

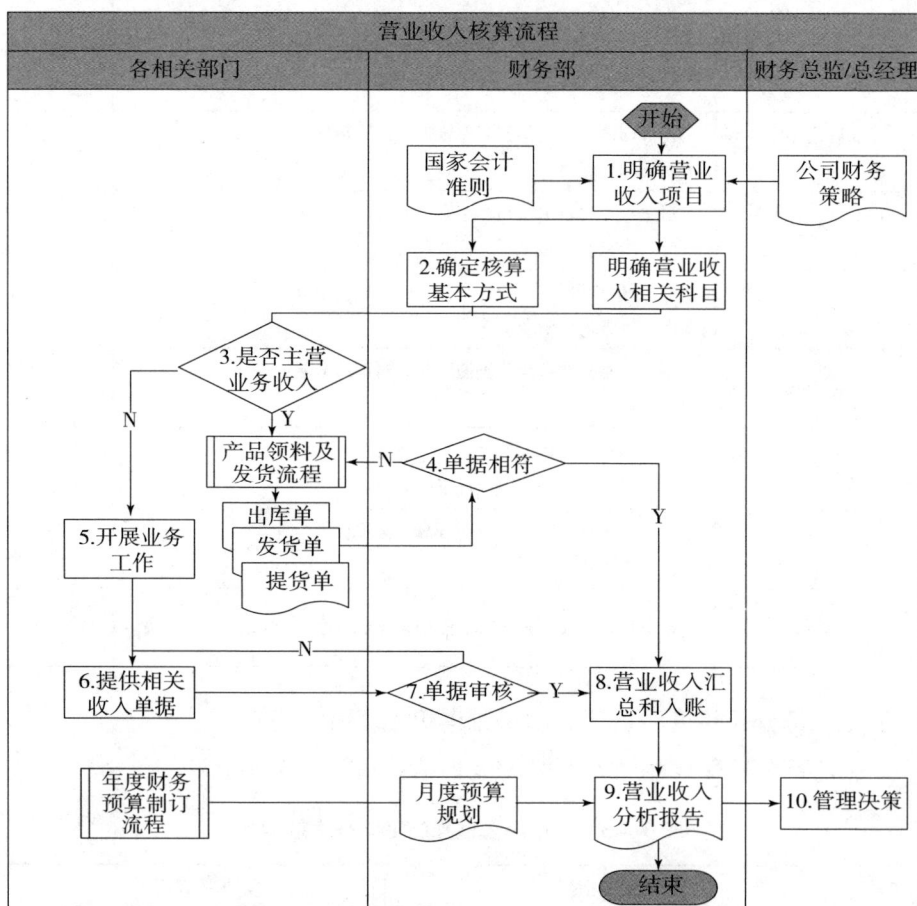

图 6-11 深圳某企业营业收入核算流程图

第二部分：营业收入核算流程核心步骤说明（表6-45）

表 6-45 营业收入核算流程核心步骤说明

流程核心步骤	核心步骤说明	相关制度 / 文件	相关表单
明确营业收入项目	财务部根据国家会计法规要求及公司相关财务策略，明确公司的营业收入核算项目		
确定核算基本方式	财务部确定相关营业收入核算方式及有关收入核算会计科目，并明确相关核算管理制度	"核算管理制度"	
是否主营业务收入	财务部判断相关活动是否属于主营业务		
单据相符	财务部对产品出库单、发货单及提货单进行准确核对，发现异常则返回相关部门重新执行和检查相关业务操作		
开展业务工作	对非主营业务，各相关部门开展各自业务活动		
提供相关收入单据	各相关部门按照公司财务要求，提供相关非主营业务财务收入单据		
单据审核	财务部人员对提交单据的真实性、有效性、合规性进行审查		
营业收入汇总和入账	单据核对无误后，相关会计人员进行营业收入汇总和入账，做相关账务处理		
营业收入分析报告	财务部根据各部门月度预算规划和营业收入情况，编制部门及公司的营业收入分析报告		
管理决策	公司高层根据相关核算报告，做出决策和建议		

第三部分：营业收入核算流程相关表单（无）

第四部分：营业收入核算流程绩效指标（表 6-46）

表 6-46 营业收入核算流程绩效指标

序号	流程绩效指标	相关部门
1	营业收入核算准确性	销售部、财务部
2	营业收入核算及时性	销售部、财务部

第五部分：营业收入核算流程权限分配（表 6-47）

表 6-47 营业收入核算流程权限分配表

序号	分权事项	提案	审核			批准	知会
			初审	审核	会审		
1	营业收入核算科目	财务部				财务总监	相关部门
2	营业收入数据	提供部门	分管领导		财务部		
3	营业收入报表	财务部	财务总监			经营委员会	相关部门

（12）深圳某企业财务分析流程。

第一部分：财务分析流程图（图 6-12）

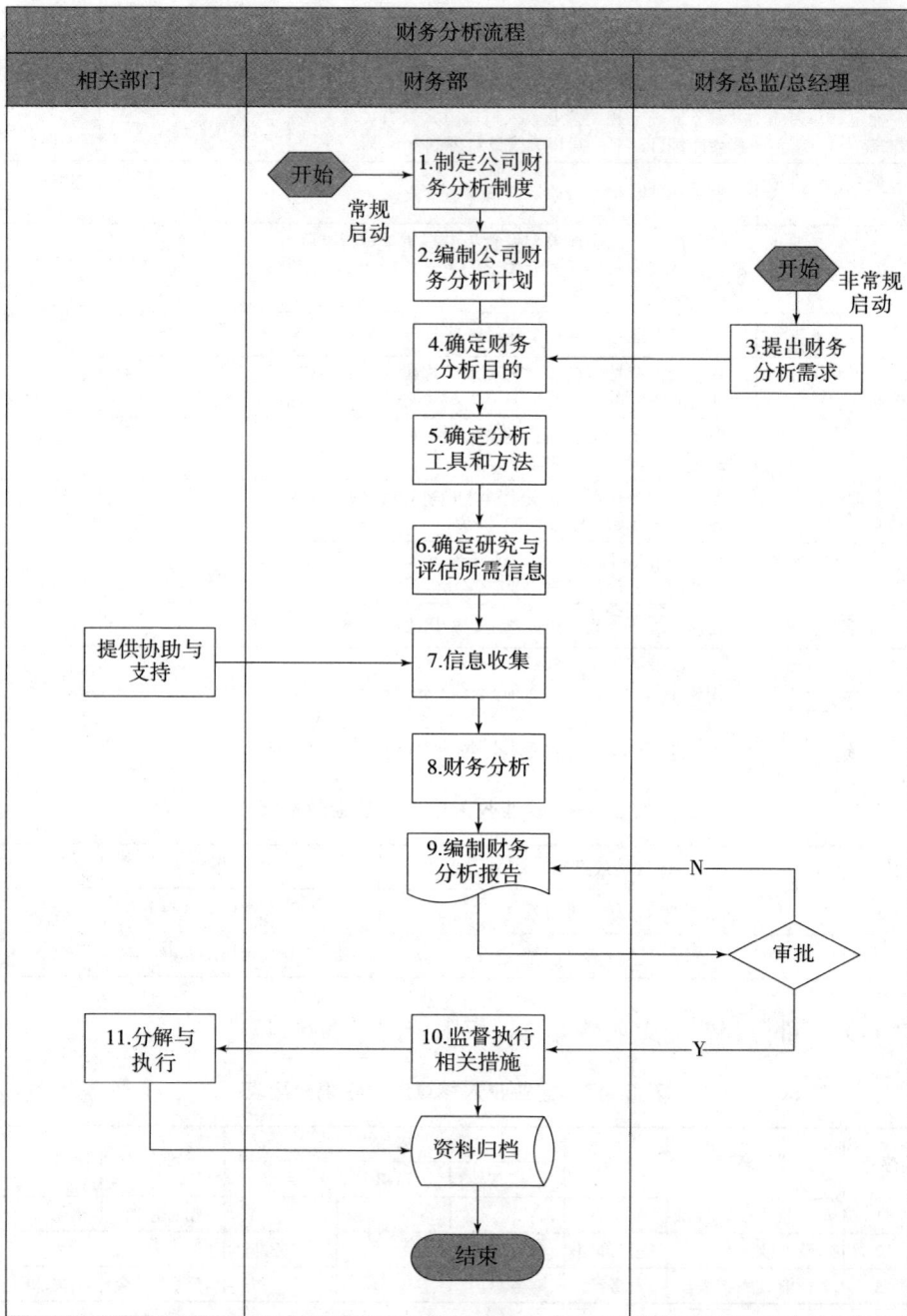

图 6-12　深圳某企业财务分析流程图

第二部分：财务分析流程核心步骤说明（表6-48）

表6-48　财务分析流程核心步骤说明

流程核心步骤	核心步骤说明	相关制度/文件	相关表单
制定公司财务分析制度	财务部制定有关财务分析管理制度，说明相关财务分析的组织、程序和原则等，作为其开展工作的指导和规范	"财务分析管理制度"	
编制公司财务分析计划	财务部根据公司业务需要，编制相关定期和专项财务分析计划		
提出财务分析需求	公司高层领导根据业务需要提出临时性的财务分析需求		
确定财务分析目的	财务部确定相关财务分析活动目的		
确定分析工具和方法	财务部确定开展具体财务分析项目所用的工具和方法		
确定研究与评估所需信息	财务部确定相关财务分析所需运用的信息		
信息收集	财务部收集财务分析所需运用的信息，其他部门协助提供		
财务分析	财务部开展具体财务分析活动		
编制财务分析报告	财务部编制相关财务分析报告，提出相关改善建议，总经理对相关财务分析报告进行判断和审批		
监督执行相关措施	根据总经理对财务分析报告的审批意见，财务部监督相关改善措施的落实与贯彻		
分解与执行	相关部门根据财务分析结果进行专项改善		

第三部分：财务分析流程相关表单（无）

第四部分：财务分析流程绩效指标（表6-49）

表6-49　财务分析流程绩效指标

序号	流程绩效指标	相关部门
1	财务分析有效性评价（及时性、准确性、决策价值）	财务部
2	财务分析弱项改进	财务部、相关部门

第五部分：财务分析流程权限分配（表6-50）

表6-50 财务分析流程权限分配表

序号	分权事项	提案	审核			批准	知会
			初审	审核	会审		
1	财务分析报告	财务部			财务总监	总经理	各部门
2	财务分析弱项改进结果	相关部门	财务部			财务总监	总经理

（13）深圳某企业人力资源规划流程。

第一部分：人力资源规划流程图（图6-13）

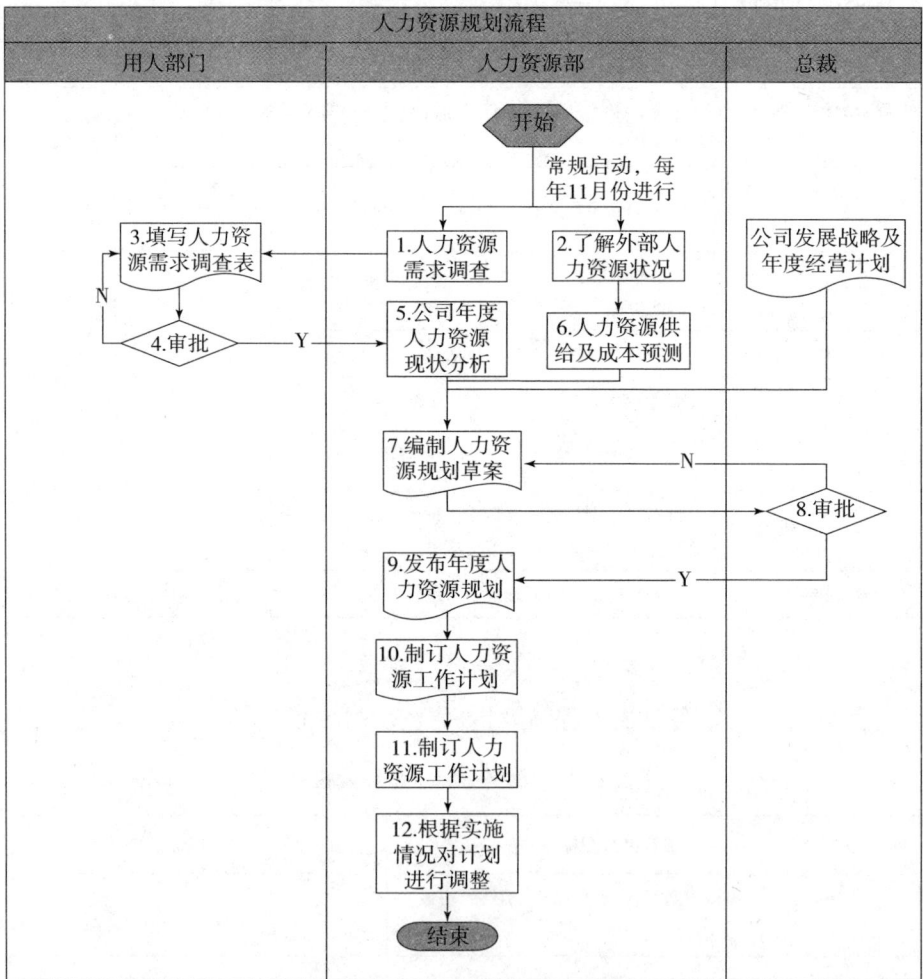

图6-13 人力资源规划流程图

第二部分：人力资源规划流程核心步骤说明（表6-51）

表6-51　人力资源规划流程核心步骤说明

流程核心步骤	核心步骤说明	相关制度/文件	相关表单
人力资源需求调查	人力资源部经理于每年11月份发起人力资源需求调查，并制定"人力资源需求调查表"，包括人力资源数量、质量、成本、结构		"人力资源需求调查表"
了解外部人力资源状况	人力资源部经理每年负责对外部人力资源状况进行调查（人员供给状况、行业薪酬水平）		
填写"人力资源需求调查表"	各部门根据人力资源部发布的"人力资源需求调查表"进行相关信息的填写		
审批	各部门分管领导负责对"人力资源需求调查表"进行审批		
公司年度人力资源现状分析	人力资源部根据各部门提交的"人力资源需求调查表"进行公司年度人力资源现状分析		
人力资源供给及成本预测	人力资源部根据外部人力资源调查结果进行人力资源供给及成本分析，输出"人力资源供给及成本分析报告"	"人力资源供给及成本分析报告"	
编制人力资源规划草案	人力资源部根据年度经营计划、人力资源状况外部调查结果、人力资源现状分析结果输出"年度人力资源规划（草案）"	"年度人力资源规划（草案）"	
审批	人力资源部经理负责将"年度人力资源规划（草案）"提交总裁审批		
发布年度人力资源规划	人力资源部经理于总裁审批通过后发布"年度人力资源规划"	"年度人力资源规划"	
制订人力资源工作计划	人力资源部经理根据"年度人力资源规划"制定"人力资源工作计划"	"人力资源工作计划"	
实施人力资源工作计划	人力资源部负责对"人力资源工作计划"实施和监督		
根据实施情况对计划进行调整	人力资源部负责"人力资源工作计划"实施过程中的调整和改进		

第三部分：人力资源规划流程相关表单（表6-52）

表6-52　人力资源需求调查表

中心		部门	

人力资源数量需求调查

岗位名称	目前编制	计划编制调整	调整原因说明

人力资源结构需求调查

员工姓名	目前岗位	拟调整岗位	调整原因说明

人力资源质量提升需求调查

培训课程	培训形式	预计费用
	□部门内训 □公司内训 □外部培训	
	□部门内训 □公司内训 □外部培训	
	□部门内训 □公司内训 □外部培训	

续表

中心		部门	
人力资源成本需求调查			
成本需求类型	人力资源成本需求说明		预计费用
增编			
加薪			
其他			
部门负责人		事业部/中心负责人	

第四部分：人力资源规划流程绩效指标（表6–53）

表6–53　人力资源规划流程绩效指标

流程绩效指标	相关部门
人力资源规划有效性评价	人力资源部、各部门

第五部分：人力资源规划流程权限分配（表6–54）

表6–54　人力资源规划流程权限分配表

序号	分权事项	提案	审核			批准	知会
			初审	审核	会审		
1	人力资源供给及成本分析	人力资源专员/招聘专员				人力资源部经理	
2	人力资源现状调查	各部门				部门分管领导	
3	人力资源规划	人力资源部经理	人力资源总监			总裁	各部门

（14）深圳某企业招聘管理流程。

第一部分：招聘管理流程图（图6-14）

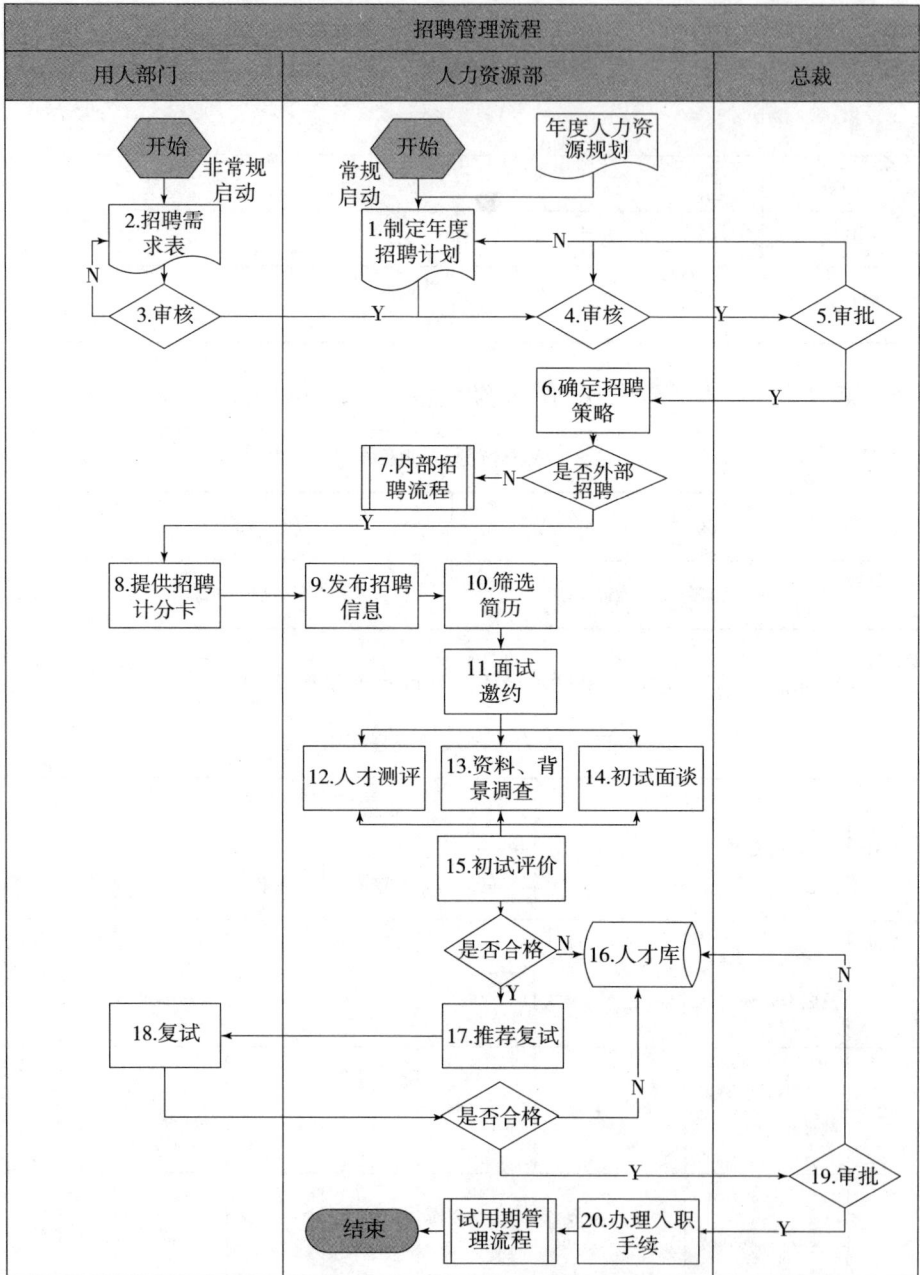

图6-14　招聘管理流程图

第二部分：招聘管理流程核心步骤说明（表6-55）

表6-55　招聘管理流程核心步骤说明

流程核心步骤	核心步骤说明	相关制度/文件	相关表单
制定年度招聘计划	人力资源部经理根据年度人力资源规划和各事业部/中心的人力需求于12月初制定下一年度的招聘计划	"招聘管理制度"	"年度招聘计划表"
招聘需求表	各事业部/中心填报招聘需求表提交至人力资源部		
审核	各事业部/中心领导审批《招聘需求表》并提交人力资源部		"招聘需求表"
审核	招聘专员将招聘计划和招聘需求提交人力资源部经理审核		
审批	总裁审批招聘计划和招聘需求	"招聘方案"	
确定招聘策略	人力资源部根据总裁审批结果确定招聘策略（内聘/外聘）		
内部招聘流程	招聘主管/专员根据内部招聘流程实施内部招聘		"应聘登记表"
提供招聘计分卡	各部门根据招聘需求填写招聘计分卡		"招聘计分卡"
发布招聘信息	招聘主管/专员根据招聘计分卡和岗位任职要求发布招聘信息		
筛选简历	招聘主管/招聘专员对收集到的简历进行筛选		
面试邀约	招聘主管/招聘专员对符合岗位要求的求职者发出面试邀约		"面试邀请函"
人才测评	招聘主管/招聘专员对求职者进行测评	"面试题库"	
资料、背景调查	招聘主管/招聘专员负责对求职者进行背景调查	"人才背景调查授权书"	"人才背景调查表"
初试面谈	招聘主管/招聘专员负责对求职者进行学历、工作经验等相关情况的面谈		
初试评价	招聘主管/招聘专员根据人才测评，资料、背景调查、初试面谈的结果进行综合评价		
人才库	招聘主管/招聘专员负责将求职者信息录入企业人才库		

续表

流程核心步骤	核心步骤说明	相关制度/文件	相关表单
推荐复试	招聘主管/招聘专员将初试评价合格的求职者推荐到部门进行复试		
复试	各部门对求职者进行复试，并将复试结果提交给人力资源部		
审批	人力资源部经理将B层级及以上复试合格人员上报至总裁审批		
办理入职手续	招聘主管/招聘专员发布新员工拟入职通知并办理入职手续（含员工履历表、入职资料收集、签订劳动合同、签订保密协议），并进入试用期管理流程		"拟新员工入职邀请函"、"新员工拟入职通知"

第三部分：招聘管理流程相关表单（略）

第四部分：招聘管理流程绩效指标（表6-56）

表6-56 招聘管理流程绩效指标

序号	流程绩效指标	相关部门
1	招聘计划达成率	人力资源部、各部门
2	岗位空缺率	人力资源部、各部门
3	员工招聘周期	人力资源部、各部门

第五部分：招聘管理流程权限分配（表6-57）

表6-57 招聘管理流程权限分配表

序号	分权事项	提案	审核			批准	知会
			初审	审核	会审		
1	招聘需求	用人部门负责人				部门分管领导	
2	年度招聘计划	人力资源经理				总裁	用人部门
3	招聘计分卡（B层级及以上）	人力资源经理	分管领导			总裁	
4	招聘计分卡（B层级以下）	招聘主管/专员	用人部门负责人			分管领导	

（15）深圳某企业员工异动流程。

第一部分：员工异动流程图图（6-15）

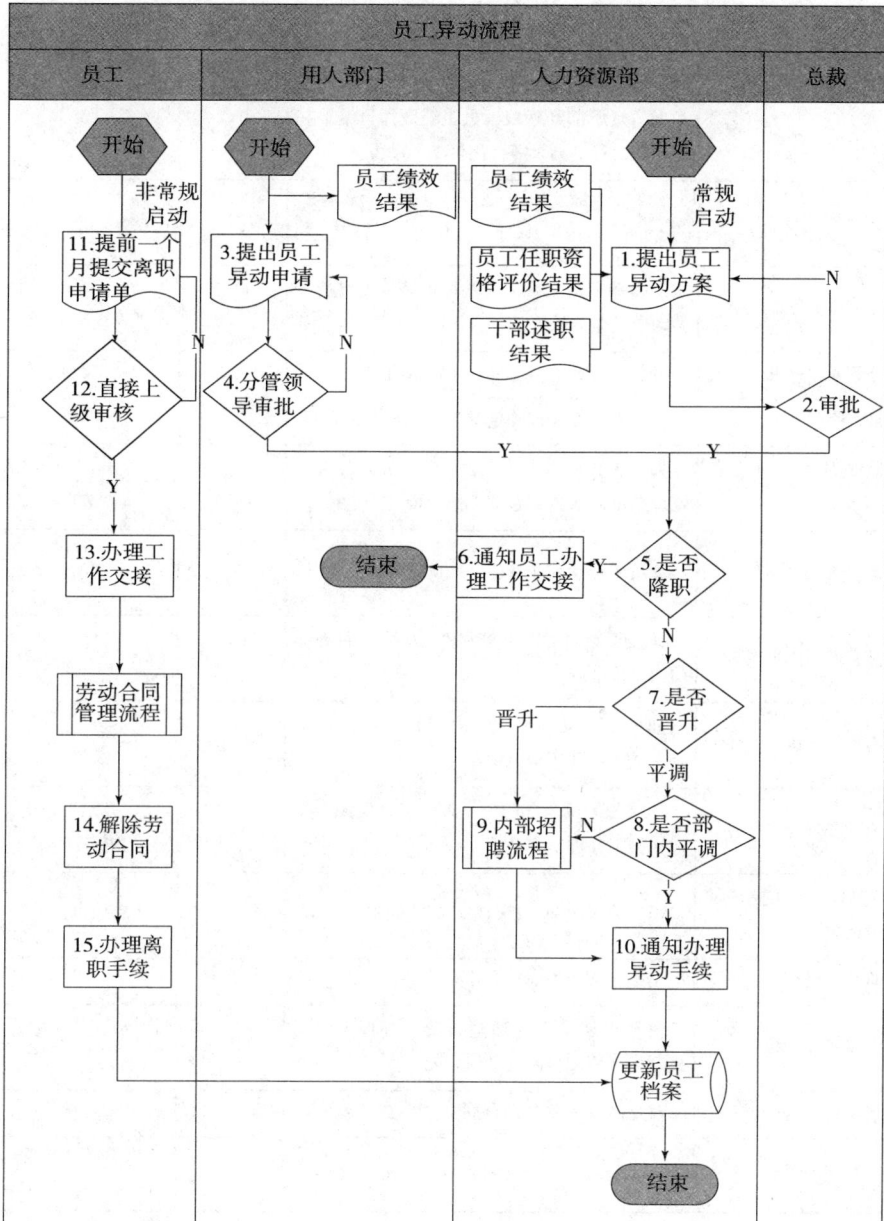

图 6-15　员工异动流程图

第二部分：员工异动流程核心步骤说明（表6-58）

表6-58　员工异动流程核心步骤说明

流程核心步骤	核心步骤说明	相关制度/文件	相关表单
提出员工异动方案	人力资源部经理根据员工绩效评价结果和任职资格评价结果等提出员工异动方案		
审批	人力资源部经理将员工异动方案提交至总裁审批		
提出员工异动申请	用人部门根据员工绩效评价结果提出员工异动申请至分管领导		
分管领导审批	分管领导针对员工异动申请进行审批		
是否降职	人力资源部经理确定员工异动是否为降职		
通知员工办理工作交接	如员工异动为降职，且员工无异议，人力资源专员通知员工办理工作交接		"异动工作交接表"
是否晋升	如员工异动为非降职，则确定是否为晋升		
是否部门内平调	如员工异动为岗位平调，则确定是否为部门内岗位平调		
内部招聘流程	如员工异动为岗位晋升或跨部门岗位平调，进入内部招聘流程		
通知办理异动手续	如岗位平调为部门内平调，人力资源专员通知员工办理工作交接		"异动工作交接表"
提前一个月提交离职申请单	员工本人提前30天提交离职申请单		"离职申请单"
直接上级审核	员工直接上级对离职申请单进行审核		
办理工作交接	离职申请单审核通过，员工办理工作交接，进入劳动合同管理流程		
解除劳动合同	员工签订解除劳动合同书		
办理离职手续	人力资源专员负责离职员工办理离职手续		"离职工作交接表"

第三部分：员工异动流程相关表单（略）

第四部分：员工异动流程绩效指标（表6-59）

表 6-59　员工异动流程绩效指标

序号	流程绩效指标	相关部门
1	员工异动手续办理及时性	人力资源部

第五部分：员工异动流程权限分配（表 6-60）

表 6-60　员工异动流程权限分配表

序号	分权事项	提案	审核			批准	知会
			初审	审核	会审		
1	B 层级及以上员工离职申请	人力资源部经理 / 分管领导	人力资源总监			总裁	
2	C 层级员工离职申请	用人部门负责人	分管领导			总裁	
3	D 层级员工离职申请	用人部门负责人				分管领导	
4	B 层级及以上员工异动申请	人力资源部经理 / 分管领导	人力资源总监			总裁	
5	C 层级员工异动申请	用人部门负责人	分管领导			总裁	
6	D 层级员工异动申请	用人部门负责人				分管领导	

第七章
流程信息化

一、企业信息化生态图

流程信息化是流程优化与再造五步法的最后一个步骤。随着信息化在企业管理过程中扮演的角色越来越重要，业务流程再造完成后，为了确保业务流程固化与落实，企业有必要科学规划业务流程信息化需求。

可以这么说，ERP（Enterprise Resource Planning，企业资源计划）是企业信息化建设的最高境界。从MRP（Material Requirement Planning，物料需求计划）开始，再到 MRP II（Manufacture Resource Planning，制造资源计划）、DRP（Distribution Resource Planning，分销资源计划）、CRM（Customer Relationship Management，客户关系管理）、SCM（Supply Chain Management，供应链管理）、PLM（Product Lifecycle Management，产品生命周期管理）、OA（Office Automation，办公自动化），最后才是 ERP。如图 7-1 所示。

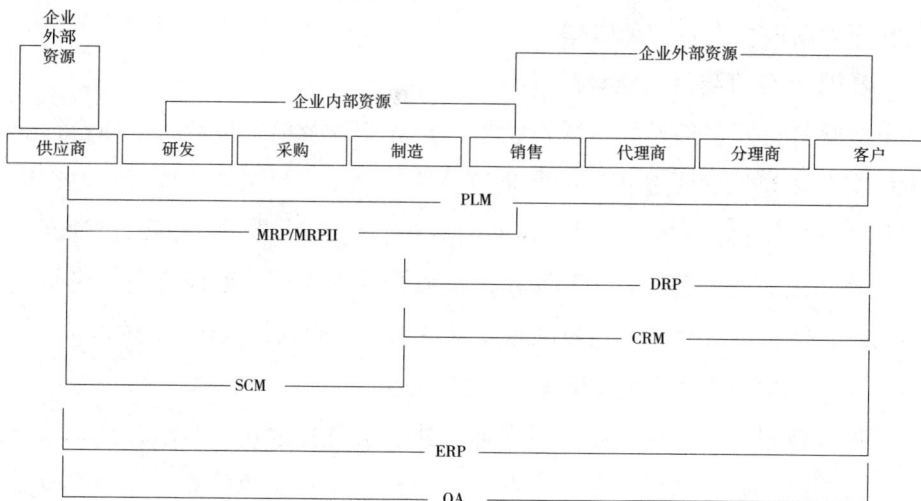

图 7-1　企业信息系统生态图（示意）

二、流程信息化规划

流程信息化规划是指根据企业发展战略及业务需要，在对企业业务流程全面优化与再造的基础上，结合行业信息化实践经验及企业实际、信息技术发展趋势等，提出符合企业实际需求的信息化建设目标及实施计划。

业务流程信息化规划核心工作包括：企业业务蓝图绘制、企业业务逻辑关系分析、流程信息化需求识别、信息系统架构设计、信息系统选型、信息系统实施策略规划、信息系统实施预算、信息系统实施人员准备等。总之，企业业务流程信息化规划必须立足企业实际，支撑企业业务高效运营与发展战略实现。

流程信息化规划一般分为现状调研与需求分析、愿景制订与架构设计、项目规划与实施计划三个阶段：

1. 现状调研与需求分析阶段

现状调研与需求分析阶段旨在调查、分析企业战略、目标、需求和信息技术应用情况，通过对企业业务及信息化现状进行分析，并结合行业最佳实践和技术发展趋势，总结行业业务与信息化发展规律，为愿景制订与架构设计阶段提供基础和依据。

2. 愿景制订与架构设计阶段

愿景制订和架构设计阶段旨在根据企业业务及信息化现状，结合行业最佳实践和技术发展趋势，对企业信息系统建设进行规划，指明企业在应用和管理信息技术方面的发展方向，指导信息技术结构和功能的设计，确定应该实施的技术解决方案和建议，回答企业未来应该如何应用信息技术的问题，使企业对信息化建设的未来蓝图形成较确切的认识和理解。

3. 项目规划与实施计划阶段

项目规划和实施计划阶段旨在通过比较信息化现状与信息化愿景，分析主要差距、找出改进机会、设定总体目标、明确实施计划、提出变革策略、进行风险分析、确定面临的挑战，项目组以此为基础确定整体的项目体系，提出建议实施的信息技术项目，设计信息系统项目工作包，制定项目的实施计划，设计主要的系统功能架构，进行投资估算，分析项目实施的效果、存在的风险以及建议采取的保障措施，明确主要数据及其信息流动关系，并提出项目进度安排及优先次序，为企业实现信息化建设蓝图提出明确的任务和完成方法。

【案例 7-1】深圳某企业流程信息化规划

从图 7-2 中可以看到，该企业信息系统分为四个层面，分别为分析系统、业务系统、自动化系统及支持平台，其中分析系统中的商业智能（BI）完全基于业务系统（ERP、SCM、CRM、OA、金税系统、PLM、仓储管理系统、质量管理系统、关务系统、HRM）。商业智能（BI）可以实时反映经营数据，同时也为企业决策层决策提供支持。另外，该企业的业务系统几乎涵盖了企业核心业务的各个方面，而自动化系统中的数据采集系统、自控系统、设备控制系统又为业务系统的正常运营提供了基础数据抓取和传递的功能。

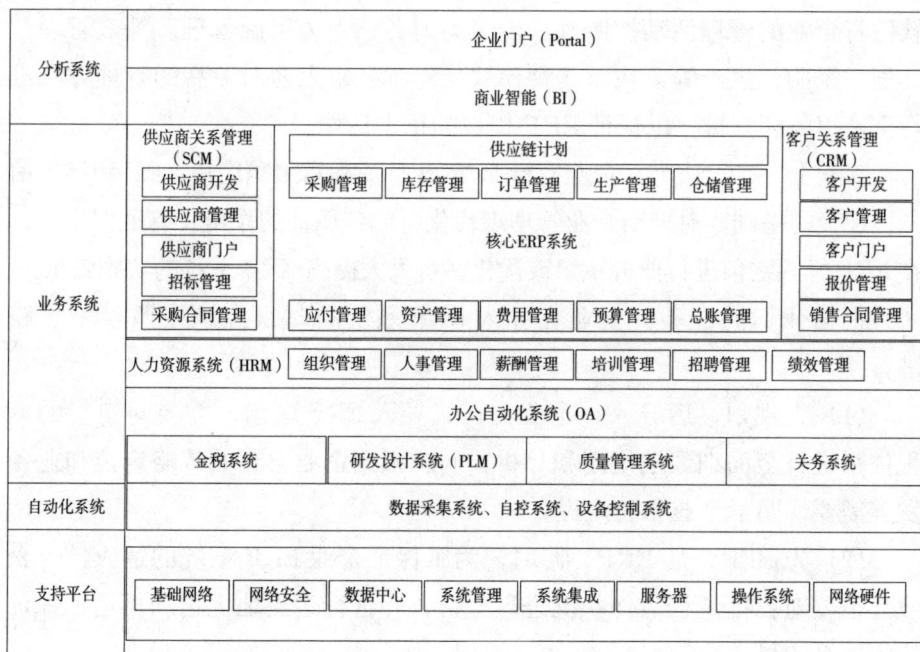

图 7-2　深圳某企业流程信息化规划（示意）

三、常见信息系统与流程信息化

借用信息系统对业务流程进行固化是一种比较有效的方法，目前已有很多现成而且非常实用的信息系统可供企业选择，当然企业也可以根据自己的流程实际定制开发相关信息系统。

常见的信息系统有很多，如 SCM、CRM、ERP、OA、金税系统、PLM、质量管理系统、关务系统、HRM 等。

1. ERP 系统与流程信息化

ERP 的应用，不仅仅是引入一套现代化的管理软件，使企业的日常经营管理活动自动化，更重要的是它将对企业传统的管理模式进行根本性的变革，使其更加合理化、科学化。毫不夸张地说，企业应用 ERP 后效益的提高，一方面来自 ERP 软件本身，另一方面得益于业务流程重组。实际上，ERP 软件的功能实现要求企业必须进行一定的业务流程重组。ERP 软件将企业的管理活动按照其功能分为财务、人力资源管理、绩效管理、计划、采购、生产等模块，这种模块化思维要求企业对原有的管理方法进行重新组织和安排，以保证 ERP 模块的正常运作。

事实上，有人认为，企业实行 BPR 业务流程重组是应用 ERP 和推进信息化建设的基础，对推动企业管理现代化将起到积极的作用。有证据表明，在 ERP 导入之前进行业务重组或优化，将大大提高 ERP 系统的实施效果。

根据我们的经验，企业在导入 ERP 系统的时候应该按照以下思路进行：

（1）先规划，后导入。企业在正式导入 ERP 之前，需要对自己的流程体系进行全面细致地规划和分析，同时根据企业自身的战略定位和业务发展需要，明晰企业相关流程。

（2）先 BPR，后 ERP。同时，为了保证企业 ERP 系统的适应性，企业还需要对目前流程运作状况进行分析，并进行适当地优化和再造，保证流程体系的科学性。

2. CRM 系统与流程信息化

CRM（Customer Relationship Management）即客户关系管理，它

既是一个管理术语，也是一种客户经营策略，同时还是一个管理信息系统，主要是利用计算机自动化分析销售、市场营销、客户服务以及应用支持等流程的软件系统。

此处所谈的就是企业客户关系管理信息系统，我们主要来谈企业如何利用 CRM 系统进行相关流程固化。一般而言，企业实施 CRM 系统有以下几个目的：

(1) 沉淀客户资源。在很多企业，客户资源都是掌握在业务员手中的，业务人员一旦发生变化，客户资源也就随之流失，这一现象在很多制药企业、咨询机构或其他以项目制、大客户运营为主的企业尤为普遍。企业可以通过 CRM 系统将客户资源沉淀下来。

(2) 管控销售过程。企业实施 CRM 系统的另一个重要目的就是对销售商机挖掘、销售阶段管理（意向阶段、合作内容确认阶段、合同谈判阶段、合同签订阶段、合同履行阶段）、客户生命周期进行销售全过程管理。

(3) 传递优秀经验，规范销售流程。通过 CRM 系统，可以把企业优秀销售人员管理客户的流程整理出来，通过系统来固化，从而使每个销售员都能掌握最好的销售流程。

(4) 提升销售项目管理能力和结案率。通过 CRM 系统，可以给企业销售管理流程设定关键管理点，促使销售管理者及时提供相关支持，帮助销售人员更好地管理销售流程，提高客户满意度和销售结案率。

(5) 固化销售流程，压缩新人上岗培训周期。CRM 系统规范了企业销售管理相关的所有流程，新员工或者岗位调动的员工只要按照系统的流程来做就可以很快熟悉新的岗位，从而降低企业培训的工作量，提高员工上岗的速度。

(6) 提升销售管理效率。CRM 系统详细规定了符合企业特色的流程，并对关键点进行控制，可以有效防止企业人员犯错。比如，很多销售人员常犯的错误是内部成本还没有核算就给客户报价，而通过 CRM 系统可以设定内部成本没有核算则无法进行报价的流程，从而防止出错。

(7) 总结优秀经验，做好知识传承。通过 CRM 系统，可以记录公司所有人员与客户接触以及所有的交易往来记录，从而可以系统地把客户相关知识记录到系统中，企业可以通过对相关数据的分析，总结出优秀的经验，做好知识传承。

（8）提升二次销售比率。只要公司授权的人员进入系统，就可以全面了解客户的喜好和客户以往的成交记录，筛选并挖掘重点及潜力客户，实现二次或多次销售。

常见的 CRM 系统主要可以实现以下功能：客户档案管理、客户联系信息管理、市场活动信息管理、销售机会管理、销售漏斗管理、销售过程管理、销售人员日常管理、销售数据分析等。

另外，CRM 相关的流程主要有销售商机管理流程、客户拜访流程、销售过程管理流程、客户满意度管理流程、客户投诉处理流程、客户档案管理流程、客户信用管理流程等，企业可以通过 CRM 系统的实施对以上流程进行有效固化。

3. SCM 系统与流程信息化

SCM（Supply Chain Management）即供应链管理，它是一种集成的管理思想和方法，执行供应链中从供应商到最终用户的物流计划和控制等职能。从单一企业的角度来看，是指企业通过改善上、下游供应链关系，整合和优化供应链中的信息流、物流、资金流，以获得企业的竞争优势。

根据 ERP 原理，SCM 是指围绕核心企业，主要通过信息手段，对供应环节中的物料、资金、信息等各种资源进行计划、调度、调配、控制与利用，形成用户、零售商、分销商、制造商、采购供应商的全部供应过程的功能整体。

供应链管理是关于相关联企业之间业务过程的链接管理。买卖双方处在供应链的两端，SCM 可以连接所有的领域，如供应商、消费者、仓库、批发商／零售商、发行人之间的物流管理、信息交换、服务和货物交换、制造商的货物制造等。SCM 要求所有处于供应链中的企业都能够以实时的模式协同工作，最大限度地降低存货。SCM 使得企业采用准时生产方式（JIT）成为可能，帮助企业减少存货周期，降低成本。实施 SCM 系统，可以为企业带来如下帮助：

（1）提升预测的准确性。

（2）提高供货能力。

（3）降低库存。

（4）缩短生产周期，加快市场反应速度。

（5）缩短工作流程周期，提高生产率，降低供应链成本。

与 SCM 系统密切相关的流程有：供应商开发流程、合格供应商管理流程、供应商评价流程、物料需求计划管理流程、采购计划流程、采购下单流程、采购过程管理流程、生产过程管理流程、生产入库流程、发货管理流程等。

4. DRP 系统与流程信息化

DRP（Distribution Resource Planning）即分销资源计划，是基于 IT 技术和预测技术对不确定的客户需求进行预测分析，以规划确定配送中心的存货、生产、派送等能力的计划系统。通过 DRP 系统可以实现对成本、库存、产能、作业等的良好控制，从而尽可能使客户满意。

在现实商业体系中，企业可选择的分销体系有很多，常见的有"营销中心＋办事处"模式、"营销中心＋分公司"模式、"营销中心＋分公司＋办事处"模式、"多事业部＋多营销中心＋分公司＋办事处"模式、"营销中心＋分公司＋办事处＋专卖店"模式、"营销中心＋分公司＋办事处＋加盟店"模式等，不同模式代表企业对 DRP 系统的需求是不同的，物流、信息流、资金流的传递路径和控制措施也是不同的，但不管哪种模式，企业 DRP 系统期望实现的功能都是大同小异的。

与 DRP 相关的流程有：订单评审流程、订单录入及变更流程、订单发货流程、代销订单评审流程、代销商品出库流程、代销商品退货流程、代销结算流程、日配销售订单审核流程、日配销售配送流程、日配销售入库流程、日配销售结算流程、退货单处理流程、退货验收流程、退货结算流程、退货入库流程、专卖店销售过程管理流程、专卖店采购流程、专卖店商品核算流程等。

5. PLM 系统与流程信息化

PLM（Product Lifecycle Management）即产品生命周期管理，是基于 IT 技术对产品"设计—开发—试产—测试—量产—售后服务"这一系列流程信息进行一元化管理的系统。可见，PLM 系统涵盖了从产品研发、制造到售后服务的所有流程。

从图 7-3 可以看出，PLM 贯穿产品规划、开发到交付的全过程，因此与 PLM 相关的业务流程也很多，包括产品规划流程、客户需求分析流程、新产品开发流程、新产品试制流程、新产品验证流程、新产品生产流程、产品交付流程等。

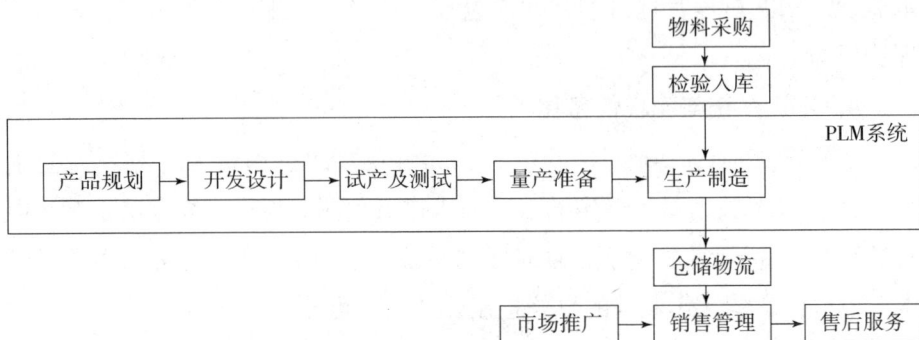

图 7-3　PLM 系统（示意）

6. OA 系统与流程信息化

前面讲到，企业可以通过 ERP、SCM、CRM，甚至 DRP、PLM 等系统对相关流程进行固化，但这些系统绝大多数都是以业务流程的固化为主，而且这些系统基本上都是围绕物流、信息流和资金流展开的。那么有什么办法可以对企业的管理流程进行全面固化，同时有没有系统是建立在岗位和人的基础上的呢？

这就是我们要提到的协同管理平台，协同管理平台就是基于企业管理流程的固化，同时以岗位和人为核心的企业管理系统，通常称之为 OA 系统。

（1）OA 平台概述。随着协同市场的发展以及企业对协同管理需求的不断提升，企业对管理平台的需求和理解，已经不仅停留在传统 OA 办公自动化、无纸化办公的概念上，转而向企业管理纵深和全面的协同管理平台上进行延伸。传统 OA 仅仅是传统办公自动化，侧重公文、行政事务为主的无纸化办公系统，并没有深入到企业全面管理及核心业务流程的管理中去，而真正适合企业全面管理应用的应该是集办公、人力资源、市场及销售、客户服务、项目管理、财务及费用管理、库存和订单、战略地图及平衡计分卡、目标与计划管理、工作协同、知识管理等核心管理流程为一体，综合统一、解决企业全方位管理的协同管理平台。

上海泛微把协同管理平台总结为"1248"[1]：

"1"：一条主线，贯穿年度经营目标实施、执行协助、监督检查、绩效计划执行、绩效评价与衡量这一企业经营的主线。

"2"：两个基本点，企业管理的本质在于管人和管事，协同管理平台必须在管人方面建立完善的岗位执行、文化融合、学习成长体系，而在管事方面要建立完善的 PDCA、借鉴学习和经验分享机制。

"4"：抓住企业运营的四大核心要素：流程、信息、文化、知识，建立有效的组织内信息、文化、流程、知识等构建和更新管理机制，落实"管事理人"基本点的自我发展，真正有效提升组织的管理生命力。

"8"：构建八大应用平台，包括统一门户管理平台、统一目标绩效管理平台、统一数据管理平台、统一流程管理平台、统一知识管理平台、统一综合事务处理平台、统一通信整合平台、统一业务集成平台。

(2) 基于 OA 的流程管理。前文对协同管理平台进行了简单的介绍，当然，我们不可能对企业如何实施协同管理平台进行详细阐述，在这里，我们需要重点阐述的是企业如何利用协同平台进行管理流程的规划、优化和固化。

基于协同平台的流程体系管理分为以下几个步骤：

①企业流程体系规划。这与本书前文所讲的内容相同，要求企业必须通过核心价值链分析、核心业务逻辑分析，系统识别和规划企业的业务流程体系、管理流程体系和辅助类流程体系，同时还需要识别一级、二级、三级流程。

②企业 OA 流程识别。企业在协同平台中做流程落地的时候，不像 ERP、CRM 或 SCM 业务系统那样，可以将一个完整的业务流程进行落地，而是需要识别一个完整的管理流程，明确哪些环节需要在协同平台上去实现，这里就有一个识别和规划的过程。

③企业 OA 流程绘制与固化。企业 OA 流程的描述一般是按照职位和

---

[1] 摘自 www.weaver.com.cn。

权限大小进行绘制的，并实现在协同平台上进行流程管理。

另外，为了确保流程实现有效固化，企业流程 OA 化时需要把握以下几个原则：

①风险控制。在企业内部，可能会存在很多的风险控制点，诸如授权不当、滥用职权、评审点设置不合理、人员变动等，那么在这种状况下，企业就需要思考将这些关键控制点在协同平台上进行固化，避免人为造成失控。

②知识传承。在企业内部经常面临这样一些问题，比如，因为员工离职或职位变动造成之前该岗位沉淀的一些知识和经验的"失忆"；深藏在员工大脑当中的优秀经验无法复制；分散于员工办公电脑当中的数据、文档无法进行汇总分析和传递等。企业要想解决类似的问题，可以思考将与这些知识相关的流程在协同平台上进行固化，然后通过协同平台协助企业实现知识传承的目的。

③系统集成。在很多企业，最难协同和解决的就是不同系统之间的集成问题，系统之间数据不兼容、数据不能共享，造成大量的人力浪费，同时也增加了数据分析的差错风险。在这种情况下，企业可以思考通过协同平台将这些数据进行统一整合，由协同平台统一到不同的系统中抓取数据，然后在协同平台中统一生成报表系统和管理驾驶舱，方便领导查询和决策。

四、信息系统集成

前面提到，企业为了对相关业务流程进行自动化管理会导入和实施诸如 ERP、CRM、PDM、SCM、FI、HRM 等系统，但系统之间数据如何共享？这就需要企业应用系统集成（EAI，Enterprise Application Integration）了。

1. 信息系统的高度集成是业务流程真正落地的基础

传统企业在利用信息化手段进行业务流程固化的时候，往往是自动自发地进行局部固化，很少有企业一开始就进行全面细致地信息系统规划，最终常导致信息系统不兼容、数据不能有效共享、信息孤岛密布、数据传递缓慢、重复投资等现象。

信息系统集成需要解决三个层面的问题：

（1）根据战略进行价值链分析，全面细致考虑业务布局，绘制业务蓝图。

（2）根据业务蓝图统一系统底层架构，并在每个应用系统实施时提前规划系统接口及数据共享。

（3）统一规划和布局硬件系统。

2. 拥有集成平台的企业才是真正的互联网企业

互联网时代企业经营的另外一个重要成功因素就是平台，可以说，哪家企业的平台构建得更加完善，它就更能在互联网转型过程中抢得先机。

张瑞敏在 2014 年海尔互联网创新交互大会上提出"企业平台化、用户个性化、员工创客化"。确实如此，不管是海尔布局海尔商城（ehaier）、日日顺（RRS），还是海立方，其实都是一种平台思维。

集成平台要求企业在平等的基础上，由多方（企业、供应商、分销商、其他利益相关体）共同构建资源共享、实现共赢的、开放的商业系统。

3. 开放是互联网时代业务流程再造的主旋律

安卓是开放的，小米是开放的，苹果未来一定也会走向开放。开放是互联网时代企业业务流程再造的主旋律。

在未来，企业必须思考打通 B2Bi（Business to Business integration）、B2Ci（Business to Customer integration）和 EAI 之间的关系，让它们之间无缝连接。

其中，B2Bi 要求一个企业与另一个企业实现应用系统之间的整合，与供应商、经销商、零售商等合作伙伴之间建立更加紧密的协作关系；B2Ci 要求企业实现内部系统（主要是 ERP 系统）和 Web 应用之间的整合；EAI 要求企业实现内部应用系统之间的整合。只有实现 B2Bi、B2Ci、EAI 的高度集成，才能够保证企业实现真正的开放。

4. 移动互联或将彻底颠覆传统信息系统

"移动互联网的概念即将消失，因为互联网就是移动互联网。"IDG 资本投资人武连峰在 2013 年安卓全球开发者大会上曾经这样说道。

移动互联网，就是将移动通信和互联网二者结合起来，使其融为一体。移动通信和互联网已成为当今世界发展最快、市场潜力最大、前景最诱人的两大业务，它们的增长速度是任何预言家都未曾预料到的。可以说移动互联网将创造经济神话。

成功的移动互联网商业模式，需要提升平台价值、聚集客户，针对其目标市场进行准确的价值定位，以平台为载体，有效整合企业内外部各种资源，建立起产业链各方共同参与、共同进行价值创新的生态系统，形成一个完整、高效、具有独特核心竞争力的运行系统，并通过不断满足客户需求、提升客户价值，建立多元化的收入模式，使企业达到持续盈利的目标。

可以想象，未来的互联网，不会再区分桌面互联还是移动互联，未来的互联网一定是建立在物联网的基础上，任何人、任何物、任何时间、任何地点都永远会在线上，随时互动。

试想一下，在这样的情形之下，用户、产品、渠道、企业四位一体的新商业模式必会应运而生。到那个时候，不同的互联主体已经不会关注哪个信息系统解决什么具体问题，他们更加关注的是自己的问题是如何解决的。

这大概就是信息系统集成的最高境界吧。

五、商业智能

商业智能（Business Intelligence，简称BI），霍华德·德森纳（Howard Dresner）将商业智能描述为"使用基于事实的决策支持系统，来改善业务决策的一套理论与方法"。随着企业流程信息化程度越来越高，企业对商业智能的需求越来越强，如何有效集成各个信息系统相关数据，及时直观地反映企业经营过程及结果，让相关决策者及时发现问题已经成为BI的主旋律。

可以说，BI是流程信息化的最高境界，BI让流程运行可视化，让企业经营过程可控。目前常见的商业智能表现形式有经营驾驶舱、仪表盘、预测分析、经营分析、风险预警等。

第三部分

PART THREE

流程变革管理

在企业内部做流程变革其实是一件比较复杂的事情，因为流程变革要打破过去传统的工作习惯，建立全新的部门之间、岗位之间的协同规则。因此，客观认识流程变革难点、基本规律将有助于企业顺利实现流程优化与再造。

第八章

客观认识流程变革难点

一、流程变革曲线

流程变革曲线（图 8-1）告诉我们，任何变革一开始的时候，由于种种原因，变革的效果可能会很差，甚至出现负面的效果，如果这时候企业因缺乏充分认识而放弃变革的话，变革肯定以失败告终；但如果企业再坚持，变革效果会随着努力程度和坚持时间的延长逐渐向好的方向发展，最终取得胜利。

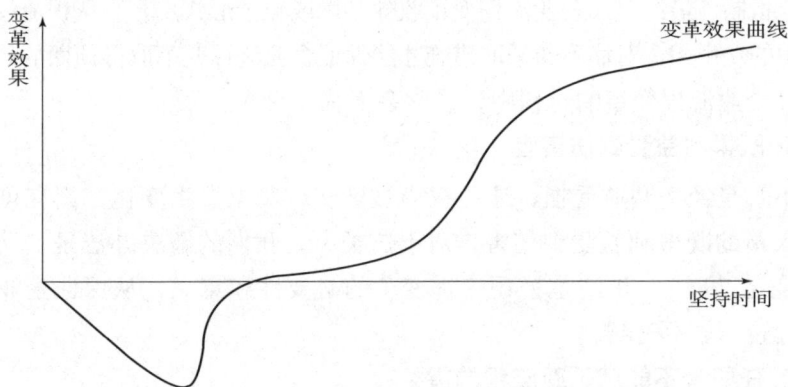

图 8-1 流程变革曲线（示意）

那么企业如何才能保证流程变革的成功呢？我们认为企业需要建立完善的流程变革管理框架：

1. 流程变革风险控制

识别流程变革的风险点，这些风险点可能是人员的流失，也可能是组织的混乱和不稳定，还有可能是组织效率的下降和绩效的短期衰减等。

2. 流程变革对人的影响

流程变革后可能会造成原来的任职者不能满足新流程的需要，也可能存在岗位任职者不能适应新流程的风险。

3. 流程变革对组织的影响

流程决定组织，流程的变革势必会导致组织的调整和变革。

4. 流程变革对绩效的影响

根据变革曲线，流程变革存在短期绩效下降的风险，如何应对这些风险，同时尽可能缩短绩效下降的时间，需要流程变革推动者慎重思考。

二、流程变革众生相

因为流程变革势必对现有的工作习惯带来冲击和影响，难免会有人不赞同甚至抵制，最终造成企业流程变革收效甚微或流于形式。客观认识流程变革过程中的众生相，对症下药采取措施才能保证企业流程变革取得预期的效果。

在企业流程变革的过程中，经常会面临三种人：

1. 既得利益受到伤害者

不管是经济利益受损，还是权力被削弱，职位发生变化，都有可能使相关人员的既得利益受到伤害，对于这类人，我们的解决办法是"动之以情，晓之以理"，讲清楚公司流程变革的必要性和意义，从保证企业大局的角度进行解释开导。

2. 任职者不能满足新流程的需要

流程的变革很有可能会在原来操作习惯、岗位任职条件的基础上提出更高、更新的要求，这个过程势必会对现有人员的技能提出挑战，由此造成有些人的能力达不到新流程的需求。对于这类人，我们的解决办法是"扶上马，送一程"，给予适当的培训，同时辅导他们按照新流程执行。

3. 任职者不能适应新流程的变革

企业在进行流程变革的时候，往往还会遇到一类人，他们是老资格、老前辈，总是抱着"不管流程怎么变，老子就是不变"的态度。对于这类人，我们的经验就是套用一句伟人的话：天要下雨，娘要嫁人，由他去吧。在合适的时候将其调整到其他的职位是一种比较合适的选择，企业绝对不可以因为个别人的"不变"而放弃流程变革工作。

三、流程变革对员工的影响

对于企业内部的组织来讲，如果某一企业处于经营非常困难的艰难境地，进行相应的内部管理变革会比较容易。但如果企业的经营状况尚好，组织内部看不到潜在的危机，进行现状改动的动力不足，进行相应管理变革就十分困难。流程设计完成后，进行相应的推动与实施时，也会碰到上述问题。

当企业内部员工安于现状时，进行变革调整往往存在比较大的困难，因为这不可避免会涉及管理习惯、个人利益、行为方式的调整。因此在我们明白如何实施流程前，应首先明白人们对于变革的态度和反应。

虽然每个人对于企业内部变革的态度各有不同，但从总的变革程序来看，一般会经历以下几个阶段：

1. 没有察觉或反应

在现有运作流程的弊端没有被深刻挖掘出来，或者改进的必要性被企业认可之前，企业内部往往意识不到需要调整他们的管理方式和习惯，尤其是在企业经营运作相对较好的阶段，有时往往需要通过标杆管理去提醒企业认识业绩改进的必要性。

2. 震动、吃惊

当认识到必须进行改进时，内部员工由于长期自我感觉良好，往往会表现出震动或者吃惊，特别是当他们长期采取同样的工作习惯或方式。但与此同时，虽然人们意识到了危机或者弊端，但要让他们在短时期内能够快速接受还是存在困难的。

3. 不予承认或质疑

当人们对以往的经营运作方式习以为常时，对于新的设计方案会不予认可或质疑。几种常见的反应或想法包括：

如果忽视这些问题，对企业也不会造成什么影响，毕竟以前并没看出有什么伤害。

企业以往的经营运作非常好，看不出调整或改革的必要性。

我们已经习惯于以往的这种方式，对新的经营运作方式掌握存有困难。

员工以上这些反应往往来自信心的丧失。虽然指责别人非常容易，但如果我们自己也碰上这种情形时，同样难以确保没有这样的想法。由此可见，改变人们的习惯和惰性是多么不容易。

4. 接受认可

随着时间的推移或者经营趋势的不断演变，当企业组织内部的流程运作弊端越来越深刻地显示出来时，员工会逐渐开始接受现实和承认变革的必要性。但与此同时，企业内部也有一些人愿意当鸵鸟，坚持将头插在沙堆里，长期陷在第三阶段里，甚至更糟糕，企图阻挡企业内部变革的进程。

5. 行动实施

接受或认可了现有企业运作变革的必要性之后，员工会开始主动按照相关变革方案的要求进行操作。但与此同时应该注意，由于流程变革是一项巨大的配套工程，一定要细心准备，仔细考虑，认真实施。仓促实施只会打击员工的热情，加大流程实施变革的难度，往往得不到所期望的效果。同时在实施的过程中，应注意掌握流程变革实施的节奏，不要让长期的无行动状态消耗和磨灭员工的行动能量与动力。

四、流程变革对组织的影响

流程变革对组织的影响主要有两方面，第一是对组织自身的影响，造成组织混乱；第二是对组织外部的影响，如供应商、客户对组织的评价等，造成外部对组织的评价和满意度降低。

对于组织自身的影响，我们的经验是一定要遵循流程决定组织的原则，严格按照流程进行组织调整，包括组织结构、组织使命、部门职能、岗位职责、岗位编制及岗位任职标准的重新确定。

对于组织外部的影响，流程变革应该遵循以下原则：

1. 快速

客户希望在最短的时间内获得所需要的产品或服务，这就要求企业在允许的范围内，提高流程运行效率，以合理的速度将产品或服务尽快提交，减少客户的等待时间和因等待所产生的其他成本。

2. 正确

企业所提交的东西应是客户所希望的东西，而且所承诺的时间、地点、质量、运送状态、相关配套支持等都应是正确的，减少客户在得到流程产出时的相关风险和麻烦。

3. 便宜

客户总是希望花最少的钱买到最多的产品或服务。流程运作的过程中，不但应减少流程本身的非增值环节，同时还应减少支持流程运作的配套设施的成本，比如相关的管理活动、后勤服务成本等。这些活动成本最终都是由客户来买单的，也是客户需求的一部分。

4. 容易

容易是指客户与企业打交道比较简单。客户在与企业进行接触时，花费的精力、时间、金钱越多，求购商品的成本就越高。如果企业能够简化与客户的相关界面活动，比如订单流程的处理，那么即使企业的产品不变、价格不变，但是客户的求购成本下降，企业还是有其竞争优势的。

以上四个方面的流程目标管理实施成果来源于客户的评价，是以客户的观点来审视内部流程运作情况，是构成企业经营状况分析的重要组成部分。

第九章
流程变革管理最佳实践

流程变革管理

流程实施技巧

树立正确的流程文化

培养一支高素质的流程团队

建立流程管理流程

流程变革的"广、深、高、速"

一、流程变革管理

选择正确的流程实施方式将直接决定流程变革效果，不同的企业有着不同的组织方式，但是一些常见的方法仍然可以参考。同时，随着成效的不断显现，企业内部变革信心的不断增强，还可以对其不断进行调整和修正。

1.设立流程变革实施计划，明确变革目标与愿景

企业内部的高层管理人员对于企业实施流程变革必须要有非常清晰的路线图计划，并清楚所要达到的目标。通过明确相关的行动计划和阶段性工作目标，可以在组织内部达成共识，明确各自的责任和要求，并有效形成合力，促进变革的实施。

设立变革的目标和愿景，更能从根本上使员工明白变革的意义，更好地推动变革进程。相关变革愿景包括组织将来为谁服务，提供哪些产品和服务、顾客如何看待这些产品和服务、组织内部的员工和供应商将如何提供它们等。

2.获得高层领导的支持

流程项目在实施过程中，不可避免会碰上各种阻力，必要时须依靠企业高层领导的力量进行推动和解决，以减少行动的障碍。因此可以讲，所有成功的项目在一开始就必须得到高层管理者的认可和支持。需要取得哪个层级高级管理者的支持取决于流程实施项目的范围和规模。如果流程运作项目旨在对整个企业的运营体系进行优化，那么必须要有公司最高层管理者的参与。如果相关实施流程仅仅涉及企业内部的个别经营单位，那么需要参与的就是这个单位的最高负责人或者经营单位的直接上级领导。总之，高层管理者的参与和支持对于流程项目团队获得基层管理人员的支持和配合至关重要。

3.建立相关的项目实施团队

公司管理层必须确定相关项目实施团队的领导，并给予他一定的权力，让他负责抽调各部门的精兵强将来参与其中的工作。由于流程优化与

再造涉及的范围往往比较广泛，因此常会出现超出项目团队管理能力和范围的情形。在许多企业的实际运作中，常常采用三层级的推进模式来解决上述问题。项目最高层是公司的高层管理人员，负责专门协调和解决项目实施过程中出现的各种问题和困难，监督项目的实施进展情况，提出各种改进指导建议和意见；中层是项目实施团队，主要负责推动流程项目的具体落实，提供项目实施过程中所需的技术支持，监督各部门的流程实施情况；基层是实际发生变革的地方，也就是进行流程优化与变革的具体部门，主要职责是按照项目实施团队的要求进行流程操作和计划推进，及时反馈流程执行过程中存在的困难和问题，对新流程进行及时评价等。

在流程实施过程中，决定其成功与否最为关键的因素还是项目实施团队的工作质量。因此对于项目团队成员往往有着较高的要求。

4. 突出流程归口部门的价值

每个流程虽然与多个角色（部门或岗位）相关，但每个流程都有明确的归口部门，流程在优化、再造、培训、实施过程中要充分发挥归口部门的价值。如图 9-1 所示。

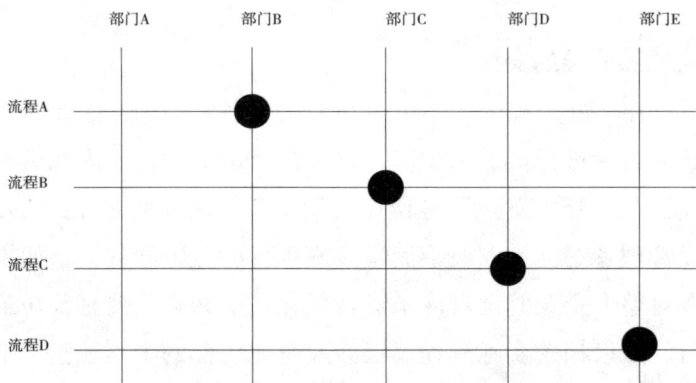

图 9-1　流程归口管理（示意）

另外，按照流程绩效管理思路，每个流程都会对应一个或多个流程绩效指标，每个绩效指标都需要与其相关的多个部门共同承担责任，如表 9-1 所示。

表 9-1　业务流程绩效责任分解

业务流程	流程绩效指标	销售部	产品研发部	计划部	采购部	工艺部	生产部	品质部	仓储部	物流部	财务部
订单计划管理流程	订单准时交付率	●	●	★	●		●		●	●	
生产成本管理流程	产品成本控制		●	●	●	●	●	●	●	●	★
产品品质管控流程	产品品质不良率		●		●	●	●	★	●	●	
客户满意度管理流程	客户满意度	★	●	●	●	●	●	●	●	●	●
备注	"★"代表流程主人；"●"代表流程相关部门										

5. 开展必要的宣传与培训

实施流程优化与再造是一个艰难的过程，因此有必要进行宣传与培训。通过宣传与培训，一方面可以使员工了解与掌握流程管理的工具、方法和技术，更为有效地协助和配合项目实施团队的工作，提高项目的工作质量和效率；另一方面还可以减少因不了解流程管理而导致的猜疑和偏见，增强员工对流程变革的信心。同时，进行适当的宣传与培训还有助于改变执行人员的流程操作习惯，带来一定的监督作用。

6. 进行沟通与交流

流程项目不能在企业内部静悄悄地开展与实施，而应通过定期的沟通和交流，营造企业内部良好的项目实施氛围，使每位员工都感受到变革所带来的变化和调整。项目如果没有通过及时沟通显现出相应的效果，并传递公司对项目实施的要求，将会消减人们的信心，使员工怀疑项目实施的前景，不利于项目的顺利推进和实施。

沟通除了内部沟通之外，还可以包括外部沟通，通过外部沟通获得外界的承认和肯定，增强企业内部实施流程变革的信心，更好地使项目实施团队获得支持和配合。

所有的沟通都是为了减少组织内部的疑虑，增强员工的信心。流程优化大师迈克尔·哈默认为，以下两条关键信息必须有效传递到企业内部的每位员工：

我们公司的目前状况以及为什么不能停留在目前的状况中？

未来公司将会变成什么样子？

7. 必要的奖励兑现措施

在管理变革的过程中，奖励体系与新的进步联系越紧密，管理的变革就越容易实施。因此，为了更好地对流程进行推进，在实施过程中，可以根据流程变革的情况对相关部门进行及时奖励，以鼓励部门和员工摆脱旧有的运作模式，使其及时感受到变革的成功与进步，激励其不断推进项目发展。具体的方式包括：

进行适当的物质奖励，并与进步行为相联系；

进行适当的榜样确立，保证非物质奖励的正确性和可感知程度；

将个人技能与奖励有机结合。

二、流程实施技巧

对企业来讲，我们必须认识到其内部存在着不同的利益团体。这些利益团体有些是以个人联盟的形式出现，有些则是以组织联盟的形式出现。这些利益团体相互联合或相互对立，争取有利于自身的资源和政策。而这种利益团体之间的联盟关系往往很脆弱，当各种利益平衡关系被打破之后，这些利益团体又会产生新的联盟并加剧竞争。

流程管理变革作为一种管理手段，在实施后将会打破原有的利益联盟之间的关系，因为它必然包含权力的划分、职能的调整、管理方式的改变、运作机制的调整等，所以实施的道路不会一帆风顺。因此在进行流程实施的过程中，在许多情况下，流程实施项目需要不同的运作策略去推动变革。

1. 显示一种没有威胁的表象

有的企业在进行流程实施的初期，就大张旗鼓地要求进行人员精减，提高流程运作效率，搞得人人自危。这样的氛围对于流程项目实施没有任何帮助，相反还会增加不少阻力。在试图进行流程优化与变革时，应以比较保守的形象出现，一般不要给人以对现有组织造成威胁的印象。

2. 从组织利益的角度去说明流程变革的意义

实施流程变革不可避免会对企业内部的相关人员形成冲击。因此在对员工进行流程介绍说明时，不要歪曲或隐瞒信息，但可以从组织利益的角度去谈论相关的流程变革目的和意义。

3. 同强势利益团体结成伙伴

在实施流程变革的过程中，除了获得高层领导的支持和配合外，与企业内部的部分强势利益团体结成联盟伙伴关系，也有助于项目的实施与推进。

4. 公开反对意见与分歧意见

对于流程实施过程中出现的反对意见，不应该进行压制或者隐瞒，而应通过讨论使其公之于众，否则只会增加流程操作人员私下阻挠变革努力的机会。通过邀请流程相关人员（包括反对人员）进行公开讨论与沟通，回应相关反对意见，消除惧怕或抵触情绪，并利用数据、事实和理论等方式来处理分歧，获得相关流程系统内部的最大理解和支持。

5. 先试验，再推广

如果一项改革措施被看成暂时性的，那么它的推广阻力将会小得多。在流程变革实际操作中，我们可以试验的方式先在个别部门实施，待其显示出应有的成效后，再进行推广和应用，那么它的威胁就不会那么强烈。

6. 从小入手，逐渐扩大

流程变革涉及的范围比较广泛。为了更加稳妥地推进流程变革，可以先从低阶流程小处着手，逐渐扩大。这样即使出现问题，也在可控的范围之内。同时，对于低阶流程中出现的问题，我们还可以反思和回顾在高阶流程中是否存在，以更为有效的方式对设计流程进行检验。如果说一拥而上的做法并不可取的话，那么先实施、再扩张的策略可能就更为有效。

三、树立正确的流程文化

流程中心型企业倡导的文化与职能中心型企业倡导的文化是截然不同的。职能中心型企业强调职能履行、领导导向、执行，而流程中心型企业更加强调客户导向、流程实施、结果导向及客户满意。要实现流程变革这一目标，就必须重塑企业文化。根据实践，我们把流程中心型企业文化的核心归结为：

1. 开放与包容

从海尔提出的"推倒两堵墙""倒金字塔组织模式"到罗恩·阿什肯纳斯、戴维·尤里奇、托德·吉克、史蒂夫·克尔等人提出的"无边界组织"，再到稻盛和夫倡导的"阿米巴"，无不主张企业内部各个部门甚至企业自身都必须有开放的心态及机制，让企业运营更高效。

2. 高效协同

流程的本质就是协同，海尔的拆掉"两堵墙"，腾讯的推倒"部门墙"，华为的"集成研发""集成供应链""整合营销"都是这个道理，这些企业都是期望通过业务流程打破部门之间的沟通壁垒。

3. 结果导向

流程管理的基本原则是客户导向、结果导向，流程执行一定要以结果论英雄，没有好结果的流程一定不是好流程，好流程一定会达到预期的结果。

4. 客户满意

有句话说得很好：企业存在的唯一理由是客户还需要它。相应地，企业要想基业长青就必须持续保持客户满意，或者持续创造客户满意。万科提出的"每项流程都必须有清晰的目标，而且流程又必须体现和支持公司核心价值观，同时更要聚焦客户价值主张"就是这个道理。

四、培养一支高素质的流程团队

流程建设团队的打造是企业业务流程能否落地和实施的关键。在企业业务流程再造的过程中，有三个角色缺一不可，我们称之为 CPIO（流程创新官），而 CPIO=CPO（首席流程官）+CIO（首席信息官）+COO（业务总监）。

为什么呢？因为绝大多数公司都存在这样的困惑：业务总监熟悉业务，但不懂流程描述及再造的技巧和方法，同时也排斥运用信息系统；首席流程官懂得流程描述及再造的技巧和方法，但他不了解业务，也不懂信息系统底层设计原理及操作规则；首席信息官一般都是技术出身的，他们不但不懂业务，甚至很多人都拒绝了解业务。如何才能破解这一难题？我们把它总结为：业务总监参与、流程总监培养、信息总监配合。

（此处为图标）**五、建立流程管理流程**

很多企业在导入业务流程管理的时候，经常会忽略一项非常核心的工作，那就是流程本身也是有流程的，比如公司流程建设由哪个部门归口、流程多长时间该优化一次、具体程序该如何进行等，这些工作也需要以相应的流程、制度和表单予以规范。如图 9-2、表 9-2、表 9-3 所示。

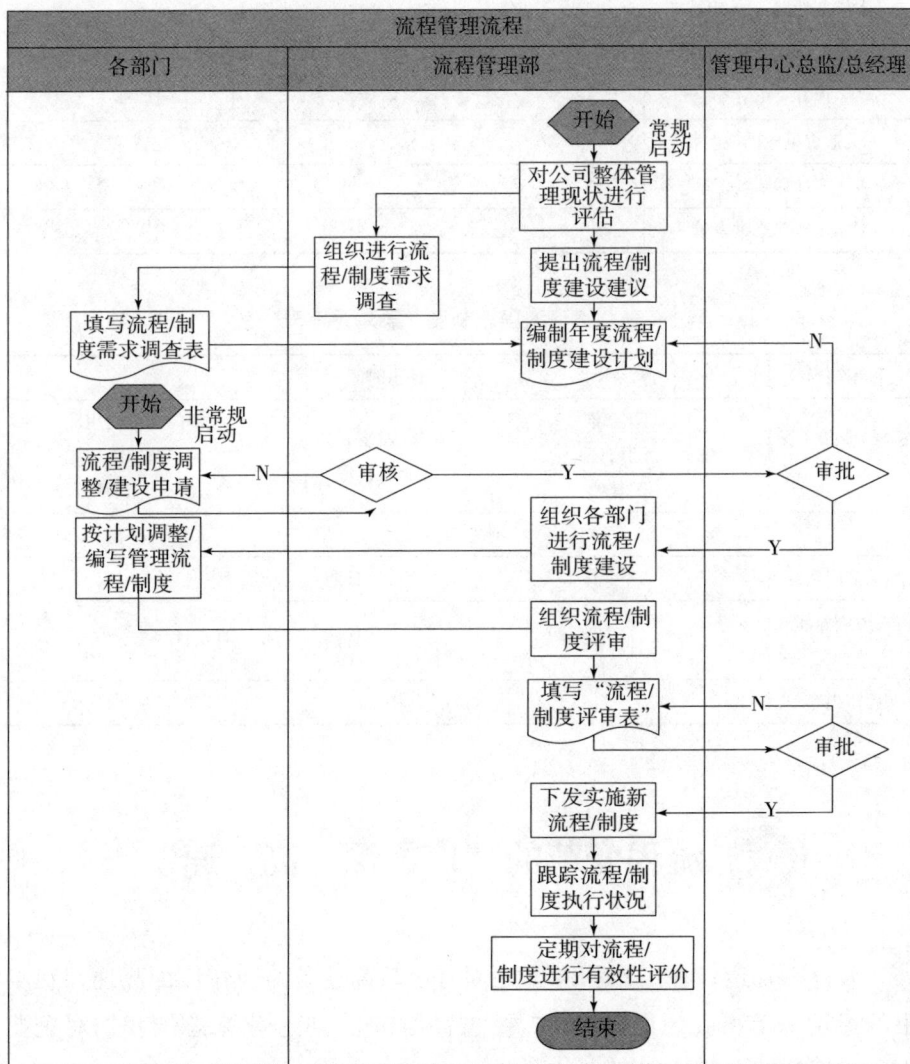

图 9-2　流程管理流程

表 9-2　流程、制度、表单需求调查表

现有流程数		有效执行数	
无效流程原因说明			
本年度计划新增流程			
本年度计划修改流程			
现有制度数		有效执行数	
无效制度原因说明			
本年度计划新增制度			
本年度计划修改制度			
现有表单数		有效执行数	
无效表单原因说明			
本年度计划新增表单			
本年度计划修改表单			

表 9-3　流程、制度、表单评审表

评审项目		评审时间	
流程 / 制度 / 表单类型	□新增 □修订 □其他	流程 / 制度 / 表单覆盖区域	□部门内部使用 □公司范围内使用 □几个部门使用
评审意见			
相关部门意见	评审人：　　　　　　　日期：　　年　月　日		
人力资源部意见	评审人：　　　　　　　日期：　　年　月　日		
评审内容	（附后）		

六、流程变革的"广、深、高、速"

　　大家都知道，在广州和深圳之间有一条高速公路叫作广深高速，在本书的最后一节，我想用"广""深""高""速"四个字来总结我们对企业实施流程管理实践的理解。

1. 流程管理的广度

对于流程管理的广度可以从两个层面进行理解，一方面"广度"是指企业的流程是承接战略实现和价值链价值最大化的，企业实施流程管理断然不能顾此失彼，或者厚此薄彼，是需要全系统打通的，这就要求企业必须从业务流程开始，对管理流程、辅助流程进行全部优化和再造，才能保证实现最终目标；另一方面，"广度"是指流程需要全员参与，如果只有局部的人参与或者只有管理层参与，流程是没办法执行的。

（1）流程管理需要全系统打通。企业的业务流程包括产品规划流程、研发项目管理流程、生产计划管理流程、采购计划管理流程、采购检验／入库流程、生产领料流程、生产过程控制流程、新品上市管理流程、销售订单管理流程、销售货款管理流程等；同时为了保证各业务流程的顺利实施，企业还需要确定诸如年度经营计划管理流程、财务预算管理流程、财务分析流程、目标绩效管理流程、原料检验流程、采购货款管理流程、供应商开发与管理流程、生产成本控制流程、市场物料管理流程、产品定价及价格管理流程等一系列管理流程。企业流程管理广度的第一步就是要将这些流程系统打通，并且做好流程之间的接口管理，保证流程之间首尾相连，信息互通，不存在管理重叠和管理空白。

（2）流程管理需要全员参与。不同的流程，其归口部门不同，与其相关的部门又存在差异，如果把公司的全部流程都规划出来就可以看到，几乎每个部门、每个岗位都在主导或直接参与数个流程。这就需要企业在推进流程管理的过程中，首先要培养员工的流程管理意识，其次要建立流程节点自检和互检机制，保证每个节点、每个部门、每个岗位、每个人的流程输入都是清晰的，流程输出都是合格的。

2. 流程管理的深度

对于流程管理的深度也可以从两个层面进行理解，一方面是流程管理不仅仅需要企业高层鼎力支持和全程参与，还需要企业中层管理者、基层管理者、执行层面的员工参与；另一方面，流程管理还需要对一级流程、二级流程、三级流程纵向打通。

企业的流程从上至下是一个不断细化的过程，流程级别越低，其涉及的工作就越具体，也就越需要承接岗位做好具体的执行。由此可见，流程管理的深度更加强调流程的落地与执行，这在企业推进流程管理的过程中至关重要。

3. 流程管理的高度

很多人都认同企业流程管理是一项"一把手"工程，企业高层要从思想意识、实际行动上起带头作用。但在这里，我们需要思考的是，"一把手"难道只是企业的高层吗？肯定不是的！对于企业一级流程而言，"一把手"就是企业的高级管理者，但对于二级流程、三级流程而言，"一把手"就不再只是公司的高层，而是部门经理、部门主管，他们是这些流程的"一把手"。

流程管理的高度还有另外一层含义，即流程管理不再只是传统意义上流程部门或各职能部门的事情，对于企业而言，战略管理、运营管理其实也是一个完整的流程，所以说，流程管理可以上升到战略管理和企业经营的高度。

4. 流程管理的速度

正本清源，企业做流程管理的终极目标就是要以最有效的方式、最快速的反应满足客户需求，这就是我们所讲的流程管理的速度。

我们通常说，战略就是满足客户某种至关重要的需求，以优于竞争对手的方式加以执行，并且持续保持这种优势。我想，很多企业很清楚客户至关重要的需求是什么，同时也能做到短时间内领先竞争对手，但如何才能持续保持这种优势呢？很多企业做不到。

企业要想做到这一点确实不易，但只要企业从自己的流程细节入手，从改变流程的每一步开始，并保证流程之间是高效协同的，就一定可以持续保证这种优势。

战略决定了企业的客户，决定了企业要给客户提供什么样的服务和产品，这就需要企业在进行流程管理时首先了解客户的需求和标准是什么，而明确客户需求的第一步是了解我们流程的客户是谁。许多企业进行流程管理，对自身的客户是谁大都有认识，但是否真的十分清楚呢？要了解自身的客户是谁，需要进行企业战略分析和研究。通过对企业内外部环境的研究分析，在明确自身资源的基础上，了解企业未来到底能为哪些客户提供产品／服务，提供哪些方面的产品／服务，未来服务达到什么样的目标和要求，这些无疑是十分重要的。也就是说，通过战略的分析研究，明确企业自身发展目标，进而明确企业的流程运作目标——客户需求，才能了解流程管理的重点和方向。

战略同时也决定了流程的期望输出效果。现代企业之间的竞争已经不是"我有你无"的问题，而是在应对变化时的反应速度和能力的问题。因此流程高效与否，直接决定企业战略能否实现。

总之，企业进行流程管理的终极目的就是要通过自身的努力，持续不断地提升流程运营速度。这才是流程管理的核心。

附录

本书案例来源及技术支持

信睿咨询　　　　　　　南粤商学　　　　　CPIO协会

信睿咨询　信睿咨询是由国内知名管理专家水藏玺、吴平新发起，以"持续提升客户经营业绩"为追求目标，始终坚持"以客为尊，以德为先"的经营理念。结合十多年理论研究与企业实践，信睿咨询率先开创性地提出了"SMART-EOS企业经营系统"理论。信睿咨询认为，企业的任何一项经营活动和管理行为都必须以提升企业市值为准绳。同时，在与客户合作模式方面，信睿咨询提出的"与客户结婚"和"咨询零收费"模式开创了国内咨询行业全新的商业模式。

南粤商学　南粤商学是由国内知名管理专家水藏玺、张少勇等为核心发起人，联合近300位优秀企业家及企业高级管理者，以"信睿SMART-EOS企业经营系统"为理论基础，以"拓展管理视野"为使命，传播南粤（广州以南，珠江两岸）优秀企业管理经验，推动中国企业提升管理能力，怀揣"管理报国，利润报企，幸福报民"的理想，旨在帮助中国企业实现管理升级，为早日实现"中国梦"而努力。

CPIO协会　深圳首席流程创新官（Chief Process Inno-vation Officer，简称CPIO）协会是由国内知名管理专家水藏玺、张少勇、王剑等人发起，旨在帮助企业打造一批优秀的CPIO。

CPIO的工作职责覆盖首席信息官（Chief Information Officer，CIO）、首席创新官（Chief Innovation Officer，CIO）和首席流程官（Chief Process Officer，CPO）的范畴。优秀的CPIO是企业经营系统升级的主要推动者和责任承担者。

目前，首席流程创新官协会在深圳、苏州、佛山、珠海等地设有分会。

水藏玺作品

序号	书名	出版社	出版时间
1	吹口哨的黄牛：以薪酬留住人才	京华出版社	2003
2	金色降落伞：基于战略的组织设计	中国经济出版社	2004
3	睁开眼睛摸大象：岗位价值评估六步法	中国经济出版社	2004
4	管理咨询35种经典工具	中国经济出版社	2005
5	看好自己的文件夹：企业知识管理的精髓	中国经济出版社	2005
6	绩效指标词典	中国经济出版社	2005
7	培训促进成长	中国经济出版社	2005
8	拿多少，业绩说了算	京华出版社	2005
9	成功向左、失败向右：在企业的十字路口如何正确决策	中国经济出版社	2006
10	激励创造双赢：员工满意度管理8讲	中国经济出版社	2007
11	人力资源管理最重要的5个工具	广东经济出版社	2008
12	人力资源管理体系设计全程辅导（第1版）	中国经济出版社	2008
13	企业流程优化与再造实例解读（第1版）	中国经济出版社	2008
14	金牌班组长团队管理	广东经济出版社	2009
15	薪酬的真相	中华工商联出版社	2011
16	流程优化与再造：实践、实务、实例（第2版）	中国经济出版社	2011
17	管理成熟度评价理论与方法	中国经济出版社	2012

续表

序号	书名	出版社	出版时间
18	流程优化与再造（第3版）	中国经济出版社	2013
19	定工资的学问	立信会计出版社	2014
20	互联网时代业务流程再造（第4版）	中国经济出版社	2015
21	管理就是解决问题	中国纺织出版社	2015
22	年度经营计划管理实务（第1版）	中国经济出版社	2015
23	学管理　用管理　会管理	中国经济出版社	2016
24	人力资源就该这样做	广东经济出版社	2016
25	人力资源管理体系设计全程辅导（第2版）	中国纺织出版社	2016
26	互联网+：电商采购·库存·物流管理实务	中国纺织出版社	2016
27	年度经营计划制订与管理（第2版）	中国经济出版社	2016
28	班组长基础管理培训教程	化学工业出版社	2016
29	互联网+：中外电商发展路线图	中国纺织出版社	2017
30	石油与化工安全管理必读	化学工业出版社	2018
31	年度经营计划制订与管理（第3版）	中国经济出版社	2018
32	不懂解决问题，怎么做管理	中国纺织出版社	2019
33	高绩效工作法	中国纺织出版社	2019
34	业务流程再造（第5版）	中国经济出版社	2019
35	能力素质模型开发与应用	中国经济出版社	2019
36	不懂流程再造，怎么做管理	中国纺织出版社有限公司	2019